上海市体育宣传教育中心
上海音像资料馆 / 编

时间的赛场

THE
ARENA
OF
TIME

上海体育口述历史
（第一辑）

An Oral History of Shanghai Sports 1

上海社会科学院出版社
SHANGHAI ACADEMY OF SOCIAL SCIENCES PRESS

主　　　编 徐彬

副　主　编 陆檩　宋慧

编委会主任 严勇宁　姚婴　唐惠荣

编委会副主任 殷方玉　沈小榆

编委会成员 鲁宏伟　汪珉　宋玥　李东鹏
查雨卉　李磊　施依娜　余娟
丁韵韵　蔡国耀　虞伟红　苏子玥
欧阳田融　张弛

学术顾问 袁念琪　乐建强

目录

001　序一
005　序二

001　吴成章　我的七十载篮球情
021　徐寅生　我的"一世乒乓球情缘"
039　朱　勇　从一名中共早期党组织成员到体育工作者
053　程骏迪　"新中国赛艇第一人"的破浪人生
073　黄德国　一位优秀的女子手球教练
091　张其正
　　　沈惠章　光影里的腾飞
113　陈士麟　我的水上生涯
129　陈世和　我的母亲"短跑皇后"钱行素
143　周明辉　"前进不懈，大智若愚"
　　　　　　——"神行太保"周余愚与中国竞走往事
163　洪南丽　开心老太的摄影之路

189　附　录
　　　李东鹏
　　　鲁宏伟　上海体育名人口述实践与价值意义

198　后记

序 一

体育，为德智体三育之一，重要性自不待言。体育之真谛，在于促进人的全面发展，提升人的生命质量。体育之为事，最具普世意义。环视宇内，上下古今，各国家、各民族之体育，均品类繁多，历史悠久。中国古人强调之六艺——礼、乐、射、御、书、数，前四艺都与体育有关，特别是射、御即射箭与驾车，就是体育活动。先秦时期，中国民气刚劲，武风盛行。汉代以后，独尊儒术，汉民族趋于崇文鄙武，特别是两宋以后，武事废堕，民气柔靡。尽管民间习武之风不绝如缕，士大夫中亦有人以习武强身，北方蒙满等游牧民族与西南少数民族，或骑马击剑，或翻山越岭，皆可视为体育之事，但是，从总体上说，在儒学主导的传统社会，没有体育的地位。近代体育之兴起，是西风东渐的成果。上海在这方面，走在全国的前列，遥遥领先。

上海是全国最早接引西方近代体育运动的城市。1843年开埠以后，西人络绎东来，将诸多体育运动带了进来，跑马、赛艇、足球、篮球、网球、板球、游泳等项目次第开展，各色体育运动队、俱乐部相继建立。这对上海华人社会了解、引进西方体育项目有重要影响。19世纪后期，南洋公学、三等公学、育才书塾等都已将体操列为正课，随后开展了篮球、足球、田径等运动。20世纪上半叶，世界上已开展的十余项竞技体育项目，几乎都在上海得到开展。

上海是全国最早举办国际运动会的城市。1915年第二届远东运动会、1921年第五届远东运动会、1927年第八届远东运动会都是在上海举办的。此外，上海承办了四次全国运动会，其中，民国时期两次，即1935年第六届、1948年第七届；中华人民共和国成立以后两次，即1983年第五届、1997年第八届。上海是中国首都以外举办全国运动会最多的城市。

上海是全国获得竞赛佳绩、涌现体育人才特别众多的城市，篮球、排球、足球、乒乓球、羽毛球、游泳、射击、田径等，都曾摘金夺银，傲视群雄，人才辈出，蔚为大观。上海竞技体育的水平在全国一直名列前茅，在包括奥运会在内的国际性大赛上，上海儿女也常有绝佳表现。改革开放以来，上海体育场所繁多而兴旺，群众体育运动普遍而持久。2023年，上海已跻身世界级体育城市。

体育在上海城市文化中，占有相当重要的地位，彰显城市品格，绽放城市精神，为城添彩，为国争光。体育早已成为上海城市亮丽的名片。

上海体育文化是一座富矿，可以发掘、开采、提炼的内容极多。本书以口述史的方式，选择曾经活跃于上海体坛的各色名人，进行口述访谈，文字记述、录音、录像、照片多种手段并举。访谈对象包括男篮著名运动员、教练员吴成章，乒乓界世界级名人徐寅生，体育工作者优秀代表朱勇，新中国赛艇第一人程骏迪，卓越女子手球教练黄德国，皮划艇宿将兼教练陈士麟，短跑皇后钱行素，竞走英才周余愚，体育摄影名家张其正、沈惠章、洪南丽，他们身份不同，经历有异，贡献也各有千秋。他们都是上海体育领域的风云人物。

口述史是一个专业性很强、创造性空间广阔的系统工程。众所周知，历史资料可分显性与隐性两类。就体育文化而言，百米跑多少秒，投篮得多少分，竞赛得第几名，这些都有记录，白纸黑字，一查就知。这是显性资料。但是，比赛前如何勤学苦练，打靶时如何平复紧张心理，队友间如何巧妙配合，面对凶狠抽杀时如何咬紧牙关沉着应对，诸如此类，除了天知地知，只有我知，有时候甚至自己也说不清楚。这是隐性资料，所谓"道可道非常道"，属于默会知识一类。通过口述访谈，通过采访人与被访人的密切配合，深度发掘，便可以将那些看不见摸不着、不为人知的复杂心理、神秘应对逐层揭示出来。这便为体育史料宝库增添了特有价值的资料。这就是口述史的价值所在，也是口述史的奥妙所在。

本书是上海市体育宣传教育中心和上海音像资料馆合作的成果，参与者都是学养丰厚、训练有素的学者，两个单位优势互补，珠联璧合，边采集、边制作、边播出，稳步推进，有序进行。于是，这项成果内涵极为丰富，形式相当精美，为上海体育文化增添了夺目的光彩。若干年后，人们在总结上海体育文化时，或许会加上一项：实施上海体育口述历史工程，在全国独步一时。若此，则本书便可列入不朽。

是为序。

熊月之

上海社会科学院研究员、上海市文史研究馆馆员

2024 年 4 月 6 日

序二

"健全的精神寓于健全的身体",体育是一种文化,一种精神,对促进人的全面发展具有重要作用。

上海作为中国近代体育的发源地之一,也是一座热爱运动、充满激情与活力的城市。早在19世纪,上海西侨群体就经常组织体育比赛,国人看到体育有"强国强身"的益处,开始组织属于国人的体育运动,民间的体育团体纷纷成立。进入20世纪,国际性的万国运动会、远东运动会定期在上海举办,中华全国体育协进会在上海成立,第六届、第七届民国全运会先后在上海举办。这些都彰显了上海体育在全国的重要地位。

新中国成立后,"发展体育运动,增强人民体质"成为我国体育工作的根本方针和任务。1954年2月,上海市体育运动委员会成立,成为领导开展体育运动的重要组织保证。近年来,上海在迈向全球著名体育城市的道路上大步流星,在全民健身、青少年体育、竞技体育、体育产业等各领域,呈现出持续向好的发展态势,法治保障日益完备,国际体育赛事之都建设日益加快,商旅文体展融合日益紧密。这离不开一代代"体育人"的奋力拼搏,他们始终坚持以人民为中心,办人民满意的体育,踔厉奋发、砥砺前行,铸就了辉煌成就。他们的奋斗故事、心路历程、经验感悟等,是属于上海的"体育记忆",作为海派体育文化的精神内核之一，值得挖掘、研究和宣传。

"上海体育名人口述"项目是上海市体育宣传教育中心（上海体育博物馆）和上海音像资料馆联合开展的体育文化项目。采访对象包括体育名人，体育事业管理者、参与者和体育名人后代等。项目组织学术研究团队对口述者的体育经历进行深入研究，专业采访团队开展口述访谈，摄制团队全程视频记录，同时搜集与口述者有关的照片、实物等，集结成本书，记录下一段段珍贵的历史记忆。

如今的申城，独具一格的海派体育文化不断开拓创新，正在为上海建成全球著名体育城市提供源源动力。作为编者，我们衷心地希望本书可以为广大读者打开了解上海体育历史的窗口，感受上海体育发展的历程，体会上海体育的澎湃活力，共建上海体育的美好未来。

本书编写组

吴成章

我的七十载篮球情

采访时间：2022年1月7日上午
采访地点：徐汇区肇嘉浜路寓所
访谈对象：吴成章

Sport
SPORT
Win!
be strong
#1
run
SPORT
Sport

吴成章

> **整理者按**
>
> 吴成章，男，1924年出生于上海，浙江省镇海县龙山镇吴家巷人，著名篮球运动员、教练员。1942—1949年为上海华联篮球队主力队员，曾多次获得上海市篮球联赛冠军。1948年代表上海市参加第七届民国全运会并获得冠军。同年入选中国国家男子篮球队，参加1948年第十四届伦敦奥运会。1952年任华东军区男子篮球队教练，1954年率队于广州二沙头获得全军集训冠军，荣立个人三等功。1965年担任解放军篮球队总教练。著有《临场技术统计法》《篮球中锋训练法》等。吴成章是目前中国篮球界最年长的国手，被尊称为中国篮球"活化石"，他与"托塔天王"李震中、"福海球"田福海等同为队友。

我出生于上海虹口，大约在1938年考入上海私立青年会中学，也是从那时起开始接触篮球。我们学校里有一个室内健身房，里面有篮球场，这在当时上海的中学里很少见。这个篮球场在四川中路上。我们学校放学后，室内篮球场就租给社会上的业余队训练、比赛。我因为喜欢篮球，放了学也不回家，就在场边看他们成年人打球。一次偶然的机会，他们只来了9个人，打不了五对五的比赛，正好看到我在场边，也不知道我叫什么名字，就和我讲："阿弟，你来，一起打比赛吧。"上海人习惯称呼比自己年纪轻的男孩为"阿弟",而这个绰号伴随我一生,直到现在,很多老球迷回忆起当年球坛往事,仍会讲阿弟当年如何如何。

一、从篮球初学者到职业篮球队员

我虽然接触篮球比较晚,但由于勤学苦练,所以没过多久就成为学校球队的主力队员。我在学校里组织了一支三三篮球队,这是一支我所就读年级的篮球队,我是队长,在学校比赛里拿过冠军。此外,我接触乒乓球也是在进入上海私立青年会中学读书后开始的。我的乒乓球水平在20世纪40年代也是国家级的。为什么这么说呢?因为原中国乒乓球队的主教练傅其芳是我的学长,我和他都是乒乓球校队的队员。后来我和他一起去社会上参加乒乓球比赛,我虽然输给他了,报纸上却用"惜败""爆冷"的口吻进行报道,这件事现在去查《申报》的老报纸还能查到。1955年,印度尼西亚乒乓球队访问中国,在南京要和地方队比赛。当时南京体工队还没有成立专业乒乓球队,只能临时组织一支球队应战。我当时在南京军区篮球队当教练,结果不知道谁提出来,吴成章会打乒乓球,于是他们来找我了。我说,我已经很久不打乒乓球了,他们就选了几个乒乓球打得好的大学生当我的陪练并和我比赛,结果可想而知,他们不是我

青年时期的吴成章

的对手。最后我代表江苏省南京市乒乓球队迎战远道而来的印度尼西亚乒乓球队，经过一番苦战，我们笑到了最后。

我是一边打乒乓球一边打篮球的。在学校里，我还是有名的小弹王。不仅如此，打落弹，即打台球，我也可以和成年人打。为了打弹子，我差点被学校开除。当时学校规定学生不能进成人活动的弹子房，有一次我吃好中饭后，拉着同学去成人活动的弹子房找成年人比赛，正好给校长曹炎申撞见了，他很生气，准备要开除我，好在我们训导主任彭三美特别照顾我，念及我曾代表学校篮球队和乒乓球队比赛，成绩斐然，亲自找校长求情，最后给我记大过一次。

家里人支持我打篮球，不支持打乒乓球。为什么呢？因为我父母认为乒乓球比赛观众少，不像篮球比赛观众多，影响力大，所以他们更支持我打篮球。当时上海青年会中学招生要考英文，我在宁波同乡会办的新亚中学补习一年英文，才通过考试。

后来我从学校毕业，加入了我的第一支社会球队"冰队"。这是一支纯粹的业余球队，没有老板出钱赞助，全靠队员自己掏钱。后来仁余染织厂成立了一支仁余篮球队，我在一位前辈引荐下到队里打替补。1942年，华联篮球队成立时，老队长孔广益委托老友季有琨帮忙物色年轻队员。当时季有琨住在我家附近，靠近河南路塘沽路小菜场。我认识他，他就介绍我去华联篮球队。

在华联队里，有孔广益、瞿锡麟、张显仑、张良雄这些老将。在他们中，张显仑比我高，他是后来男篮国家队队长张大维的父亲，但他弹跳不如我。我那时弹跳比较出众，因为从小在乡下练习跳绳，可以跳"四飞"，这在当时来讲是很厉害的。所以他们看我这个毛头小伙弹跳好，又有力量，就叫我去打中锋。现在谈论起来，人家不相信我这个一米七几的人能打中锋，但在当时确实是这样的情况。我是打中锋出道的，后来改打前锋，当教练后又改打后卫，每个位置我都打过，而且我一进华联队就打主力，这种情况在当时论资排辈的篮球界是极少的。我从1942年开始，一直打到1945年抗战胜利，打了快三年的中锋。后来李震中参加我们华联队，因为他比我高，经验比我足，所以我改打前锋，把中锋的位置让给他了。

二、备战1948年伦敦奥运会

1948年伦敦奥运会中国男篮队员的产生，源于当年5月份在上海江湾体育场举办的第七届民国全运会，上海队获得了这届的冠军。全运会闭幕后，由选拔委员会明确规定，从冠军队选5位队员，亚军队选3位队员，再从其他队选两位队员，共选了10位队员组成国家队。

国家队成立后到南京的国立中央大学集训，因为在国家队刚成立时，中华全国体育协进会明确指定，由江良规担任篮球队的领队，宋君复担任篮球队教练，龚家鹿担任篮球队管理。而江良规时任中央大学体育系主任，龚家鹿任中央大学教授，将篮球队安排在中央大学集训，无论是日常生活还是体育训练，照顾起来都比较方便。

5月份的全运会结束后不久，大概在5月底，入选的队员就接到通知去中央大学报到集训。训练计划由宋君复制订，他当时是山东大学体育系主任，也是前两届奥运中国体育代表团里的老教练，我们过去对他是不熟悉的。

集训期间，江良规为我们安排英文课、英国常识课，练习跳华尔兹舞等课程，授课老师由中央大学的老师兼任。日常训练主要由宋君复安排，训练内容有800米跑、篮球基本技术训练、篮球攻防战术演练等，还包括分队打五对五的比赛。

自从1945年抗战胜利以来，尤其是在1946年，菲律宾华侨群声篮球队来上海进行访问比赛，十战十胜，带给上海篮球界很多全新的篮球战术和理念，例如"双掩护战术"，菲律宾话叫"拉波拉波"。我们过去只有单挡掩护战术，对于双掩护战术从未接触过，所以在球场上防不胜防。通过和群声队交手，各支球队都对这一全新的掩护战术有所领会，又因为宋君复当时不在上海，所以他也就没有机会近距离接触这些先进的内容。他是通过在训练中测试每个队员的基本技术后，根据队员技术的高低来确定5个主力队员，剩下5个人就充当后备队员。

国家队里包括我在内，有5名来自上海的队员，分别是来自上海华联篮球队的李震中、包松圆、吴成章，来自上海大公篮球队的蔡忠强和蔡文华。当时由教练和领队确定的主力队员名单如下：左锋是我，右锋是来自菲律宾的李世侨，中锋是来自上海队的蔡文华，左卫是来自上海队的包松圆，右卫是来自新加坡的黄天锡。

对比现在国家队的训练条件，我们在当时的各方面条件都要差很多。像球队日常训练使用的体育馆是作为学生上体育课使用的，需要错峰使用，再加上场地狭小，并非专业的比赛场馆，也容纳不了太多

华联篮球队队长孔广益（右1）将锦旗赠送群声队
（图片来源：《蜚声祖国的群声篮球队》，《艺文画报》1946年第5期）

1948年伦敦奥运会，中国男篮全体队员在新加坡比赛时合影（前排左二为吴成章）

观众。在集训期间，国家队并非封闭式管理，也有地方队同我们进行友谊赛，但因为他们实力有限，所以比赛质量并不高。

当时教练和领队并没有定什么具体目标，只是要求我们这次出国比赛要为国争光。老实说，因为当时我们这批球员未曾参加过世界级比赛，对世界整体篮球水平没有概念，只知道美国队实力最强。像过去国家体委（国家体育运动委员会，以下简称"国家体委"）球类司副司长、中国篮协副主席牟作云同志，他是参加过1936年柏林奥运会的男篮老国手，而在那届奥运会上，中国队输得一塌糊涂，江良规和宋君复当时在现场，所以我们这届对他们来讲没什么信心，没有硬指标要确保球队一定出线进八强。

国家队内上海队员占比大的原因我想还是要追溯到早期上海篮球的发展史。篮球运动的发展就是从学校到社会逐步推广提高的，像过去的"南开五虎"就是南开中学的一支篮球队。20世纪30年代上海的篮球强队主要是大学生队。那到了40年代上海篮球的水平为什么会超过北方呢？那是因为上海出现很多半职业化球队，换言之，就是开始走向职业化。任何运动不搞专业化、职业化，都是没办法提高的，像美国在1946年就有职业篮球联赛（NBA）了。我记得在伦敦奥运会上看过美国队的比赛，那支美国队不是NBA的职业队。但是，他们确实打得好，个儿高、中锋还能扣篮，这是我第一次看到扣篮。现在扣篮不稀奇，但我们以前在国内还从未见过扣篮，全是抛投或者篮下托入。李震中过去有一个绰号叫"托塔天王"，这个"托塔天王"是什么意思呢？就是他跳得高，上篮的时候，可以把球托着放进篮筐，但他在巅峰时期也扣不了篮。美国队为什么在世界篮坛称雄多年，就是因为他们篮球队职业化水平高，这也是篮球运动发展的必由之路。

钱旭沧是给上海篮球带来巨大变化的传奇人物。我每次讲到中国篮球历史时，都要介绍他。没有他，上海篮球水平在抗战胜利后不可能有大飞跃。1945年日本投降后，上海篮球界和海内外来访球队的交流比赛基本都是由他亲力亲为、一手操办的，像菲律宾华侨群声队来沪比赛，因为经费不足差点夭折，多亏他出钱帮助对方渡过难关，顺利来沪，这才有了中国篮球在抗战胜利后的腾飞。包括后来上海篮球开始走上职业化道路，他也功不可没。他本身是国强中学校长，不仅在学校里培养篮球苗子，还自掏腰包组建"绿林""绿杰""绿豪"三支青少年篮球队，为上海篮球培养一大批后备人才，注入新鲜血液。现在篮球比赛里必备的电动计时器和记分牌，上海篮球界在20世纪40年代末就已经在比赛里运用了。这正是钱旭沧紧跟世界潮流，牵头各方研制出来的，所以说没有他就没有上海篮球的现代化，我们应该永远怀念他。

代表团到伦敦参加奥运会的经费困难，曾通过打表演赛来筹措经费。这也是被现实逼出来的，没有钱就寸步难行。我们整个代表团那么多人，但国民政府只批了两万多美元，这点钱确实入不敷出，怎么办呢？只能想方设法自救。当时代表团里能通过表演赛挣门票钱的队伍也就只有篮球队和足球队了。

在南京集训时我们打过队内表演赛，也和南京的地方队打过表演赛。集训结束后，我们第一站是去上海。因为上海当时篮球水平高、球市火爆，国家队通过钱旭沧的安排和中外强队打了几场表演赛。在上海比赛期间，球队下榻大东旅社，晚上在当时陕西南路的上海市立体育馆（今卢湾体育馆）打比赛。后来我们还到过香港地区和新加坡、泰国，由当地华侨体育组织牵头比赛，可以这么说，我们这次伦敦之行，是靠一路打比赛打过去的。

在上海打完比赛后，就到了香港，由香港篮球协会安排打了几场比赛，香港的门票价格比我们南京、上海还要贵一点。在香港打完比赛后到新加坡，然后再到泰国，这是我们打表演赛的最后一站。当时飞机还不能长距离直航，需要一站站停靠加油。从泰国起飞后，我们沿途经过加尔各答、巴士拉、开罗、阿姆斯特丹、罗马等地，最后到达伦敦。我们乘坐的是荷兰 KLM 皇家航空公司航班，各方面条件都比较优越。

球队在新加坡发生了小插曲。我们在南京集训时，每一个运动员都要去中央医院体检，还要打针种牛痘。主力队员李世侨怕打针，不愿意接种牛痘，而我们的领队、教练没有强人所难，觉得队里一个人不种也没有多大关系。不曾想，球队在新加坡的时候，李世侨得天花发烧了。这一得天花不得了，我们只能把他留在新加坡治疗，并安排龚家鹿留下来照看，待李世侨痊愈后一起飞到伦敦参赛。结果我们篮球队在小组赛第一场和智利队比赛时，李世侨因为路远未能及时赶到披挂上阵，最后我们输给智利队五分，这场球非常可惜。

补充一件事，我们奥运代表团里有一名自行车运动员叫何浩华，他是荷兰华侨，在荷兰开了家自行车店。他是自费代表中国参加伦敦奥运会自行车比赛的，在参加预赛的时候，排名小组第二，不料冲过终点线后，因为太过兴奋，一回头，撞车了，全身多处骨折，伤势很重，无法参加决赛了。如果他能够参加决赛，肯定可以得到名次。

三、1948年伦敦奥运会之行

到伦敦后，我们在奥运村里观摩过菲律宾和埃及队的友谊赛。菲律宾队虽是当时亚洲篮球的霸主，但因为场地狭小加上身材单薄，遗憾地输给埃及队。后来因为代表团经费紧张，我们在奥运村里没住几天就搬到一所职业中学里。这所职业中学刚好放暑假，有空房间给我们住，更重要的是这里有中餐吃。奥运会正赛开始前，组委会安排我们去熟悉比赛场地，通过教练宋君复与外国教练沟通，安排了几场友谊赛，和美洲的古巴、秘鲁、智利队，欧洲的瑞士、匈牙利队交了手。总体而言，当时美洲球队的实力要比欧洲球队强，我们通过这几场比赛增强了信心。

在伦敦，每次有比赛的时候，组委会会派专车接我们过去，是可以容纳十几个人的巴士。我们的比赛地点在哈灵盖，离我们住的地方很远。平时训练在学校健身房里，因为场地小，只能因陋就简，练练基本动作。

中国队和伊拉克队比赛，中国队共得125分，我得了32分。赛前队里开准备会时，大家发现，我们小组一共有六个队，五个队积分相等，唯有伊拉克队四场皆负。我们小组赛最后一场和伊拉克队比赛肯定能赢，但具体赢多少分能使小组出线，队员们不清楚。教练员讲，我们赢78分以上能够出线。能不能赢到78分，大家心里没底，只能放手一搏。毕竟大家都有爱国之心，但凡有小组出线的机会，谁又愿意拱手相让呢？所以这场球，我记得很清楚，大家全场玩命地

报纸上关于大胜伊拉克队的报道"吴成章独获32分"
（资料来源：《江苏民报》1948年8月7日，第1版）

打，不断紧逼防守，不断得分。结果这场球打下来，125比25，我们赢了对手100分，创造该届奥运会篮球比赛最高得分纪录和奥运会篮球历史最大分差纪录，这在当时很了不起。比赛结束后，现场记者采访我们，为我们拍照，好像是在恭喜我们中国队小组出线，这是破天荒的大事。当地一家饭店老板是一位爱国华侨，获悉我们篮球队的壮举，非常激动，特意邀请中国代表团到他的饭店吃饭庆祝。谁知最后空欢喜一场，我们虽然赢了伊拉克队100分，但因为他们一场未赢，所以积分为零，根据组委会的排名，我们排在小组第五名，仅比垫底的伊拉克队高一名，换言之，无论我们赢伊拉克队100分，还是赢他们1分，结果都一样。

在伦敦奥运会上，中国男篮拿到第十八名，按照我们当时的实力，如果有好的管理、好的教练，我们肯定可以小组出线。因为刚才所讲的很多不利因素，都是我们自己疏忽而造成的，并不是说我们实力不如人家。我们在落选赛和英国队、瑞士队交手都赢了。因为当时欧洲篮球水平整体上还不高，像和英国队比赛，我们很轻松地赢了他们29分。我记得很清楚，2012年伦敦奥运会召开时，英国政府专门邀请我去伦敦参观。恰好当年英国队老队员普赖斯也来参加活动，我们就在组委会安排下见了面。老实讲，我们谁都不认识谁，因为当年只打了一场比赛，打完就离开了。一晃64年过去，谁还认得出来啊！组委会很

吴成章在 1948 年伦敦奥运赛场外留影

有心地安排我看了一场中国队和英国队的小组赛。

1948年奥运会上有几件事情让我印象深刻，因为我这个人，空下来就喜欢去看比赛。在每届奥运会中都会出现一个传奇人物，像1936年柏林奥运会涌现出美国黑人田径选手欧文斯，夺得100米、200米、跳远、400米接力四项冠军。在我们这届奥运会上，有一名女选手叫科恩夫人，已经30岁了。她代表荷兰出战，斩获女子100米、200米、80米栏、400米接力总计4枚金牌。在她夺冠后，她女儿还上场为她献花。一名30岁、结了婚、拥有两个孩子的女运动员竟还能在奥运会上拿冠军，这在历史上绝无仅有。

此外，在这届奥运会的田径比赛里，终点线上没有一个裁判拿着秒表掐时间，都是由终点摄影机自动计时。运动员在过线的瞬间，照片就拍好了，成绩马上就可以公布出来。而我们国内的田径比赛直到20世纪60年代，裁判员还要站在终点线旁通过掐秒表计时，相比之下，确实差距很大。这届奥运会上还出过一次笑话，400米接力比赛，美国队拿了第一，结果英国队向裁判申诉，说美国队第三棒犯规，应该取消成绩。美国代表团因为科技发达，有现场录像，他们马上把录像播放给裁判看，裁判通过回放确认美国队没有犯规，一场风波才得以平息。

四、奥运归来后

从伦敦回到上海后，我还是回到福华烟草公司工作，除了在华联队打球外，还在回力篮球队担任教练兼队员。这个时候对我个人来讲，在上海篮球界乃至全国以及东南亚的声望已经达到顶峰。因为在1948年5月，上海《中央日报》社曾经评选过"篮球十杰"，我的票数最高，是"男篮十杰"之首。原国民政府外交部部长、伦敦奥运会中国体育代表团团长王正廷先生受邀出席在上海国际饭店举办的评奖活动并亲自为我们颁奖，还拍过一张大合影，这对我而言是一个莫大的荣耀。再加上我在国家队里是主力球手，所以回国后，很多老板高薪聘请我当推销员。如美国恒通汽车公司聘请我当推销员，推销一部汽车至少有两百块美金的报酬。在当时来讲，我的收入非常高，足以让一家人过衣食无忧的富裕生活。

五、专职教练60年

中华人民共和国成立以后，我到部队球队有这样一个过程。1951年，当时华联篮球队已经解散了，我是上海回力篮球队的教练兼队员。参加完伦敦奥运会回国后，上海正泰橡胶厂聘请我担任回力篮球队的教练。为什么要请我呢？因为我在当时上海篮球界声望最高，不仅善打，还善教。过去回力牌是名牌，那么回力篮球队是怎么产生的呢？这支球队主要由参加第七届民国全运会的东北篮球队员组成。全运会结束后，由于辽沈战役即将爆发，关外交通阻断，他们有家难回，只能流落上海。为生活所迫，他们便自发组织东星队（东北明星篮球队），通过打表演赛的门票收入来养活自己。这时，钱旭沧认为这支球队有潜力，这么下去并非长久之计，于是和上海各大公司老板联系，希望他们能够收留这支篮球队。最后是由正泰橡胶厂的老板杨少振收留这支篮球队，从此以后，这支球队被正式命名为回力篮球队。我刚担任回力队教练时，球队实力还比较弱，和上海滩数一数二的华联及大公队相比差距很大，但通过我布置的训练，回力队不到一年时间就跻身前三，成为一支在上海滩乃至全国都远近闻名的劲旅。1951年时，回力队已经是上海篮球界实力最强的球队。有一次华东军区篮球队到上海来打比赛，队内有好几位队员后来都成了八一篮球队的建队元老。他们和我们回力队交手，输了很多分。当时部队亟待发展篮球运动，提高篮球水平，他们就想方设法把我请到部队里去当教练。就这样，在上级领导的动员下，我在1951年下半年去部队当教练。

我入伍伊始是在南京的华东军区炮兵学校当教练，一直到1984年退休正式回上海，在南京待了30多年。我入伍以后先是执教华东军区炮兵学校篮球队，1952年为备战八一运动会，上级把我调到华东军区篮球队。1955年，全国各大军区进行整编，华东军区整编为南京军区，我就成为南京军区篮球队教练。1965年，我又从南京军区调到总政八一队工作，担任八一队总教练。"文化大革命"开始后，南京军区又把我从八一队调回去，之后就长期担任南京军区篮球队总教练，直到1984年退休回沪。

回上海后，我感觉自己如鱼得水。在上海体育界及文艺界老朋友的牵头组织下，我们在1987年成立古花篮球队，古花即年逾古稀、岁届花甲之意。队里有原电影明星刘琼、舒适、乔奇、秦怡、岑范、张鑫炎等老一辈的文艺工作者，还有很多过去上海体育界的球星，如

2012年吴成章在伦敦奥运会为中国男篮助威

贾幼良、李震中等。我们这支篮球队除了每周打球外，还会定期出访外地及海内外，以球会友、联络感情。因为我们古花队名气响、有明星效应，所以经常请我们去电视台做节目。我记得在中国大学生篮球联赛（CUBA）协会成立时，组委会专门邀请我们古花队出席开幕式。到北京后，中央电视台又请我们古花篮球队去拍摄《篮球情缘》节目。我和队里的刘琼、舒适、秦怡，还有电影《女篮五号》的主角曹其纬被节目组请上台做专访。在北京，原国家体委副主任荣高棠同志在欢迎会上专门提出，北京作为首都，应该多向上海学习，组织更多老年球队交流访问，扩大影响力。所以古花篮球队作为一支有很大社会影响力的老年篮球队，除了以球会友外，还与境内外尤其是中国台湾地区进行联谊，起到沟通桥梁的作用。台湾民间老马篮球队在1989年第一次回大陆交流访问，就是由我们上海古花篮球队组织接待的，和老马队在交通大学和华东师范大学体育馆里打了两场内部比赛。赛后，我亲自陪同老马队一行去杭州游玩。老马队在杭州也打了几场友谊赛，现场气氛相当热烈。我一直在古花队待到2008年，由于身体原因退出了，但只要身体条件允许，我们老队员之间还是会经

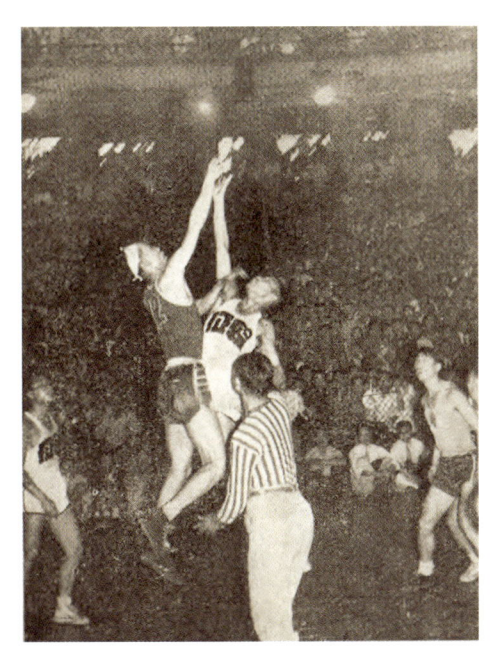

征轮队与华联队比赛，跳球者为征轮队蔡忠强（左）与华联队李震中（右），右端为吴成章
（图片来源：《异军突起的征轮篮球队》，《艺文画报》1947年第12期）

常组织活动。我从1948年当回力队教练算起一直到2008年从古花队教练岗位上退下来为止，当了整整60年教练。

在部队执教时，最好的成绩是1954年在广州二沙头举行的全军篮球集训赛，我们华东军区篮球队获得冠军。我在华东军区和南京军区执教时培养出很多运动健将，输送到八一队和国家队。像我的大儿子吴忻水，他原先是

吴成章获得的奖杯

吴成章及其家人与采访团队

在南京军区篮球队打球，后来被调去八一队和国家队。还有很多队员，如蓝文治、郑礼、林祖石、张忠恕等，也是这个情况。

从我1938年进入上海青年会中学开始接触篮球算起，一直到2008年从古花篮球队教练岗位上退下来为止，整整度过了70年。

我觉得我这一生和篮球密不可分，是篮球改变了我的一生。首先是篮球改变了我的收入，我自从毕业踏入社会后，因为篮球打得好，所以得以进入华联篮球队打主力中锋，也得以进入球队老板的华联药厂当推销员，能够自食其力。后来我参加完奥运会回国后，正泰橡胶厂又高薪聘请我当教练，所以我那时收入稳定，生活富足，而这一切都离不开篮球。

篮球也影响了我的婚姻，我的亡妻丁礼（20世纪60年代因病在南京去世）是上海永安公司糖果部的销售员，我和她是通过青年会中学的同学黄锡堂介绍而相识的。因为她年轻时长得很漂亮，被称为"糖果西施"，所以追求她的人很多，有医生、律师等，他们家庭的经济情况比我好,文化程度也比我高。我因为后来在篮球场上打出了名堂,也有一定的社会影响力,所以她就嫁给我了。再有,我能够参军入伍,也是因为我在篮球界的影响力大,没有这些硬实力,部队又怎么会花大力气把我从地方上挖过去呢?我觉得对于个人而言,篮球就是我的一生。

口述采访者:袁念琪、鲁宏伟、汪珉等

本文整理者:李东鹏

扫码观看视频

徐寅生

我的『一世乒乓球情缘』

采访时间：2022年11月8日

采访地点：国际乒联博物馆／中国乒乓球博物馆

访谈对象：徐寅生

SPORT
Sport
Win!
#1
SPORT
run
Sport

徐寅生

> 徐寅生，男，1938年出生于上海，著名乒乓球运动员，中国乒乓球运动终身成就奖获得者。徐寅生是第二十六、二十七、二十八届世界乒乓球锦标赛男团三连冠主力，后任国家队教练。任国际乒乓球联合会（英文简称"ITTF"，中文简称"国际乒联"）主席期间，主导推动40毫米大球改革，为推动世界乒乓球运动的发展作出卓越的贡献，被国际乒联授予终身名誉主席称号。

整理者按

　　乒乓球起源于英国，原来叫"桌上网球"，是从网球演变过来的。[①] 关于乒乓球传入中国有两种说法：一个说是先传入广州，横握球拍的较多；另一个说是从日本先传入上海。因为上海的乒乓球爱好者打球，都是用直握球板，而日本直握球板的比较多。尽管说法不一，不管怎样，乒乓球都是从外国传到中国，并逐步受到大家的欢迎。一开始，打球的规模不是太大，但上海也有一些民间高手，新中国成立前，他们参加过亚洲和远东的一些乒乓球比赛，取得过一些好成绩。

[①] 关于乒乓球的起源，最为流行的说法是：乒乓球运动于19世纪末起源于英国，由网球运动派生而来。此外，还有起源于美国、俄国、南美洲、印度等多种说法。参见李相如、魏利婕主编：《乒乓球运动》，中央广播电视大学出版社2013年版，第3—5页。

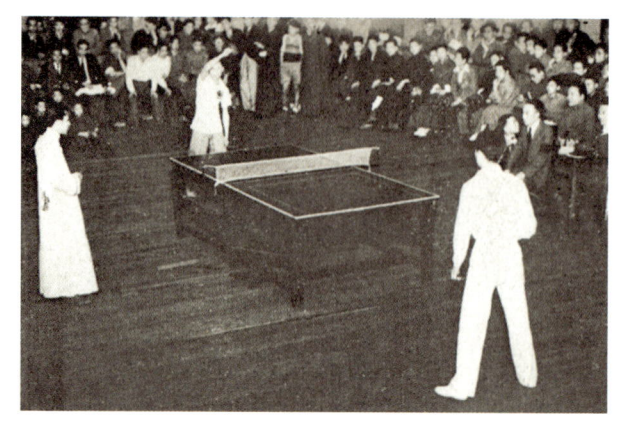

20 世纪 30 年代，上海中华乒乓球联合会主办联合杯团体赛
（图片来源：《外部周刊》1935 年第 61 期）

一、向世界高峰攀登：新中国乒乓球的崛起

中华人民共和国成立后，党和政府非常重视体育活动，毛主席发出了"发展体育运动，增强人民体质"[1]的号召，体育运动在中国广泛地开展起来。乒乓球是比较容易开展的活动，因为它要求的条件不是太高，所以很快就普及起来。

早在 20 世纪 50 年代初，中国就加入了国际乒联。第一任国际乒联主席是英国人蒙塔古[2]，他看到中国举行的全国性运动会中也有乒乓球比赛，就邀请中国加入国际乒联。加入国际体育组织就可以通过这块体育阵地，扩大新中国在国际上的影响，推动乒乓球运动的普及和提高。在 1952 年，我们以中华全国体育总会乒乓球部的名义加入国际乒联，成为国际乒联大家庭里的成员。

既然加入国际乒联，就可以去参加世界锦标赛了。当时世界锦

---

[1] 1952 年 6 月 10 日，毛泽东为中华全国体育总会的成立题词"发展体育运动，增强人民体质"，给新中国体育事业发展指明方向。
[2] 伊沃·蒙塔古（1905—1984），英国人。国际乒联第一任主席，享有"多才多艺的国际乒联奠基人"之称。他担任国际乒联主席达 41 年之久，1976 年退休后任国际乒联名誉主席。蒙塔古一生为推动世界乒乓球运动的发展作出了巨大贡献。

标赛已经有一定规模，技术水平也很高。所以，中国乒乓球队参加世界锦标赛，看到了世界上的乒乓球处于什么水平以及我们和他们之间的差距。当时国家体委主任是贺龙元帅，他非常重视乒乓球运动，决定集中国内一些乒乓球好手，一起进行强化训练。1953年，中国男女队首次参加世界乒乓球锦标赛，一开始被列入乙级队。第一代国手中，有上海的王传耀[①]、孙梅英[②]，广州的姜永宁[③]。

二、集百家之长：我的乒乓球成长之路

我从小喜欢打乒乓球，我读书的小学里没有体育设施，教室是在弄堂里的三层楼，足球、篮球、排球都看不到。放学以后，大家在弄堂里玩，其中有一种活动就是打乒乓球，因为它比较方便，拿粉笔在地上画个框就可以作为桌子，中间摆两块砖当作球网。就这样蹲在地上打，打得兴奋的时候还可以站起来进攻，十分有趣。那时候乒乓球是一毛左右一个。球被踩瘪了，放在开水里面泡一泡就能恢复。我还出过洋相，有次球被踩瘪后，我想让它快点恢复，就把乒乓球放在煤球炉子旁边烤，结果着火了。乒乓球板是自己找的一块木板，锯一锯就能用。到了初中时的大光中学，学校里面才有一张没上油漆的乒乓球台。

上海的乒乓球馆比较多，南京路上的永安公司，有一张很漂亮的球台供员工娱乐用。我们弄堂口的皮革业工会，也添置了一张球台。因为场地不够大，球台只能斜着摆放，我有时候会在这里打球。

---

① 王传耀（1931—2007），浙江鄞县人。乒乓球运动员、运动健将。1953年被选入国家队。1959年加入中国共产党。历任国家体委政治部副主任、干部司副司长，国家体委党组纪委检查组副组长。在1956年、1959年、1960年、1961年全国乒乓球比赛及第一届全运会乒乓球比赛中均获男子单打冠军。是第二十六届世界乒乓球锦标赛男子团体冠军中国队成员，并获混合双打（与孙梅英合作）第三名。曾获国家体育运动荣誉奖章。

② 孙梅英（1929—1993），上海市人。女子乒乓球运动员、教练员。曾在上海国际书店当职员。1952年入国家乒乓球队。历任国家乒乓球队教练、中国乒乓球协会副主席，第六届全国人大代表。第二十四、二十五、二十七届世界乒乓球锦标赛女子团体第三名和第二十六届女子团体亚军中国队主力队员。与邱钟惠合作相继获第二十五、二十六届世界乒乓球锦标赛混合双打第三名，并获第二十七届女子单打第三名。三次获国家体育运动荣誉奖章。合著有《现代乒乓球技术的研究》。

③ 姜永宁（1927—1968），广东省广州市人。1952年获香港乒乓球赛男子单打冠军后，应邀代表广东省参加中华人民共和国成立后的第一次全国乒乓球比赛，获男子单打冠军，并成为国家队队员。1957—1965年，任国家乒乓球队教练，后担任北京队总教练。

弄堂里的简易乒乓球桌

当时用尽各种办法找地方打球。上海工人文化宫走廊里面，有四五张球台。这里不同水平的人都有，大家自己备球打擂台。玩三分球，赢了当擂主。擂主可以一直打下去，但不用自己的球。谁要打擂，谁带球。输了以后，把球拿回去。

我没有接受过正规训练，打的是野路球，但我看到好技术就积极学习。一些水平高的人经常发旋转球欺负我，我怎么也摸不着方向。为此，我开始动脑筋学习怎么发球，与接受正规训练的学生不一样，我的动作虽然不规范，但好处是集百家之长，有时还有一些新的发现。

我发球一般是从右边向左边发力。有一次我不经意地从

徐寅生在与罗马尼亚队比赛瞬间

左向右用力，发现发出去的球，到了对面后速度比较快，而且带拐弯，上海人叫它"螺丝球"，我就开始练起来。不久，我掌握了这种技术。1956年，东京世界乒乓球锦标赛团体赛亚军的罗马尼亚队到上海来访问，上海市体委为了培养年轻人，让我去参加比赛。在双打比赛时，我用上了这种新发球。双打比赛球台中间有一条界线，发球和接发球从右半台开始，应该说接发球的难度不大。我这个发球速度较快，到了对面后，球突然往右拐出，对方根本没在意，不料接球时扑了一个空，连球皮都没碰着。世界亚军出了洋相，引起了全场的哄笑，比赛不得不停顿了一会。事隔不久，上海体育学院竞技指导科设立乒乓球专业，我成了第一批学员。这时中国男女队已经由国际乒联的乙级队上升到甲级队，达到了世界先进水平。

三、第一个世界冠军

1959年，第二十五届世界乒乓球锦标赛在德国多特蒙德举行。赛前，中国乒乓球队提出"要向世界高峰攀登"的口号。特别是容国团[①]，他在1958年广东省体育工作会议上登高一呼，说："三年内夺取世界冠军。"他的表态、决心激励了整个乒乓球界。当时我尽管相信中国乒乓球一定可以"攀登世界高峰"，但听到容国团的豪言壮语，我还是既振奋又有点担心。当时日本是乒坛霸主，我们用三年的时间从他们手里夺得世界冠军是不是太短了？容国团说到做到，1959年，在德国多特蒙德的第二十五届世乒赛单打比赛中，容国团单枪匹马，过五

---

① 容国团（1937—1968），出生于香港，中共党员。著名乒乓球运动员、国家运动健将。容国团从小喜爱并学习乒乓球，15岁时即代表香港工联乒乓球队参加比赛。1958年入选广东省乒乓球队，立下"三年夺取世界冠军"的誓言。他的战术灵活多变，独具特色，开创了我国乒乓球"快、准、狠、变"的近台快攻技术风格。1959年，在第二十五届世界乒乓球锦标赛上，他先后战胜各国乒坛名将，为中国夺得了第一个世界乒乓球男子单打世界冠军，成为中华人民共和国成立以来的第一个世界冠军获得者。1961年4月，在第二十六届世界乒乓球锦标赛男子团体决赛上，面对中国队状况落后的不利形势，他坚定信念，振奋精神，挥拍上阵，并激情誓言："人生难得几回搏，此时不搏更待何时。"最终，他力挫强劲对手，为中国队第一次夺得男子团体冠军作出重要贡献。他是我国体坛一位里程碑式人物。1984年，他被评为中华人民共和国成立35年来杰出运动员之一。

1959年，容国团获世界乒乓球锦标赛单打冠军

关斩六将，战胜日本、欧洲的一些名手，最终获得男子单打世界冠军。

容国团的世界冠军来之不易。容国团在半决赛中跟美国老将迈尔斯相遇。迈尔斯是横握球拍削球打法，防守稳健严密，但不会进攻。容国团开始时进攻不是很顺利，在落后被动的情况下，容国团改变战术，既然攻不赢，容国团就跟他"泡蘑菇"，两个人就互相搓球。迈尔斯看到容国团攻不下，心中暗喜。容国团的第二手"搓攻"有个特点，就是同样的手法能够搓转球与不转球，对方判断错误就容易被攻和失误。容国团越打越好，一直把对方彻底打到崩溃。有一个球，容国团攻球赢了后，球掉到栏板外面，正常情况下迈尔斯应该出去捡球，然而他已经无心久战，就向裁判示意认输，但裁判不允许，迈尔斯只能懒洋洋地去把球捡回来。

决赛的对手是匈牙利老将西多，他曾多次获得世界冠军。就在几天前进行的团体赛中，中国队跟匈牙利队争夺决赛资格，容国团在比赛中输给过西多，匈牙利人认为战胜容国团没有问题，他稳拿冠军，甚至祝贺的鲜花都准备好了。容国团信心满满，赛前特地去理了发，还穿了长裤上场。经过一番争夺，终于获得成功，他成为我国第一个乒乓球世界冠军。这对于中国的体育界、乒乓球界是一个莫大的鼓舞，也是中国体育项目的第一个世界冠军。由此打开了中国乒乓球运动员通向世界冠军的大门。从这以后，乒乓球界的成绩越来越好。

四、无名英雄破解日本"秘密武器"

1961年，在北京举办的第二十六届世界乒乓球锦标赛是中华人民共和国成立以来第一次举办大型的世界锦标赛。党中央、国务院非常重视，北京市也做了很多工作，在北京东郊新建了一座能容纳一万多人的体育馆，克服了建设过程中遇到的许多困难，在全国大力支持下如期建成开幕。当时贺龙副总理兼任国家体委主任，他指示世界锦标赛一定要办好，把接待工作、组织工作做好。他还鼓励中国队要取得好成绩。前三个月，我们获悉，日本发明了一种被称为"秘密武器"的弧圈球[1]，日本乒协还扬言要用它对付中国队。那时，匈牙利、南斯拉夫的两位名将在弧圈球面前一筹莫展、狼狈不堪。

日本队把中国队作为主要对手，还专程去香港访问比赛，以适应中国的打法。知道这个动向后，中国乒协马上派出教练前往探秘。那时没有录像机设备，就靠现场观察和记忆。除了对弧圈球有了一个整体的了解，感受最深的是看到了弧圈球的威力确实不小，如果第一次碰到，根本就对付不了。因而有人对它产生恐惧心理。

尽管这样，香港队员刘锡晃还是赢了日本的主力，也就是上届冠军星野展弥。这说明弧圈球也不是不可战胜的。

了解情况后，当务之急是必须对弧圈球进行针对性的训练，找到制胜的办法。这时，来自广东的前国手胡炳权和上海的薛伟初主动请愿，表示宁愿放弃参加世界锦标赛，也要改变打法，学习掌握弧圈球技术，为主力队员陪练。这种把祖国荣誉放在第一位的精神，大大鼓

---

[1] 弧圈球，乒乓球类术语。它是一种强烈的上旋球，特点是既有强大的攻击力又有很强的稳定性。由于它的旋转非常强，因此它虽然是上旋球，却从传统上旋球中分离出来成为单独的一类。按击球的方位来划分，弧圈球可分为两种：正手弧圈球、反手弧圈球。

舞了队员的斗志，紧接着又有不少队员加入了这个队伍。学习掌握弧圈球要克服各种困难，尤其是体力上的消耗，连续发力挥臂拉球，胳膊都拉肿了还得不到休整，他们全身心地坚持，无怨无悔直到世界锦标赛结束。国家体委领导要求我们在战略上藐视，在战术上重视，第一，不怕；第二，认真对待；第三，做最坏准备，你打你的，我打我的，发挥我们的优势。

经过三个月的努力，在中日决战中，弧圈球虽然也给我们制造了很多困难，但总体上我们占了优势。

五、"十二大板"成了经典

在1959年的第二十五届世界乒乓球锦标赛上，除在单打比赛中淘汰了日本冠军，我们在其他方面颗粒无收。

经过努力，在北京举办第二十六届世界乒乓球锦标赛时，我成为团体赛成员。男团决赛最终在中日两队之间进行。第一轮三场球，庄则栋获胜，容国团和我告负，我队1∶2落后。

"十二大板"就是在我和日本队的木村星野比赛时出现的。当时

徐寅生著名的"十二大板"影像截图

1∶1打平，第三局我以20∶18领先。

日本选手有两个绝招，一个是在落后的情况下，会孤注一掷，利用对手保守求稳，发球后不顾条件好坏强行抢攻，冒险搏杀，往往会一板制胜，让对手慌乱，不知所措而反败为胜。

另一个绝招是落后时离台大放高球，诱使对方出现急于求成，恨不得一板打死的心理，扣杀失误，情绪懊恼失控，最后得到扭转局面的机会。

这些事情我是从老将王传耀那里听到的，讲的人也许无心，但是我把它记住和用上了。在20∶18领先的情况下，我告诫自己，即使硬着头皮也要抢攻在前。随着星野退后防守放起高球，他此时已无力反攻，只寄希望我失误。就这样我不求一板制胜，耐着性子，一板一板地扣杀，控制着局面。这时全场观众特别兴奋、激动，都起立跟着打球的节奏，每打一板就齐声叫好。电视现场转播的主持人张之满怀着激情地从第四板开始计数，五板、六板、七板……一直喊道十二大板，对方连放十三板结束，结果是21∶18，我终于获胜，为中国队增加了一分。现场观众欢呼雀跃，气氛达到了顶峰。

十二大板让人看得特别过瘾，但打球的人压力巨大。第八场随着容国团的最后一球定乾坤，中国队终于战胜日本队，首次夺得世界乒乓球锦标赛男子团体冠军。

六、"小球"推动大球："乒乓外交"震惊世界

"乒乓外交"是1971年在日本名古屋举办的第三十一届世界乒乓球锦标赛期间发生的事情。当时美国总统尼克松已经有改善中美关系的需求，实际上双方有关部门早就有接触，著名的斯诺[①]就在天安门

[①] 埃德加·斯诺（Edgar Snow，1905—1972），美国记者。代表作是纪实文学作品《红星照耀中国》。中华人民共和国成立后，他曾三次来华访问，并与毛泽东主席见面会谈。1970年秋天，斯诺和夫人一起来到中国，并于10月1日在天安门城楼上和毛泽东亲切交谈。

城楼上和毛主席一起观看了庆祝国庆的游行队伍。可以说，乒乓球交往只是中间的一个插曲。

这段时期，我们有两届世乒赛没有参加，第三十一届世乒赛在日本名古屋举行。当时的日本乒协主席，也就是亚洲乒协主席的后藤钾二先生认为在日本举办世界乒乓球锦标赛如果缺少中国队，这个比赛就没有意义了。所以他特意到中国来邀请中国队参加。后来在周总理的过问和关心下，达成了重新参赛的协议。

毛主席对这次世乒赛非常重视，还要求增加上送的简报数量，以了解更多情况。对庄则栋与美国选手科恩的友好接触给予肯定。我国代表团按照国内指示，邀请英国队和拉美的一些队伍访问中国。听说这个事后，美国队的一位团长跟我们领导讲："听说你们邀请了那么多队访问中国，怎么不邀请我们美国队？"当时中美两国间没有交往，但在世界乒乓球锦标赛见面时都以礼相待，该比赛就比赛，该握手都握手。"外事无小事"，代表团很快向国内汇报这件事。外交部、国家体委就是否邀请美国乒乓球队访问中国的问题上报中央请示，经周总理和毛主席同意，决定不邀请美国队访华。不料隔了几个小时

1971年，美国乒乓球队访华比赛现场合影

后，风云突变，中方决定邀请美国乒乓球队在世乒赛后访问北京，这一举动令世界震惊。

时隔多年后，毛主席的护士长吴旭君在接受记者电视采访中回忆了当时的情况。毛主席做出决定后，一直在思考问题，她就预感可能有什么大事要发生。吃晚饭时，毛主席突然让她告诉外交部，邀请美国队来访问。这可把护士长吓了一大跳，生怕自己听错。毛主席见她没有马上行动，催着她说，赶紧去邀请美国队来访问，不然来不及了。美国队访问中国之行终于敲定。他们在世乒赛即将结束前得到了正式邀请，紧接着他们的北京之旅就要开始了。

七、乒乓球世界冠军的摇篮

在中华人民共和国成立前，上海已经有一批乒乓球高手。受日本的影响，上海的乒乓球爱好者也用直板。同样是直板打球，但上海人民用的是圆形拍，日本是长方形拍。在握拍方法上，我们比日本来得灵活自如。看日本人打球，他们几乎是一个模子刻出来的，而我们是五花八门，各显神通。可以说是中国人与生俱来的特质，学习别人好的东西，但不会完全照搬，而是会有所创造，有所发明。

当我第一次看到日本世界冠军打球时，除了欣赏他们扎实的基本功，总觉得他们的打法有很多欠缺之处，而中国的打法比他们先进。从那时起，我就相信中国运动员经过几年努力，一定能够攀登世界高峰

徐寅生在比赛中的击球瞬间

的。尽管在世界锦标赛上的成绩还不如日本，但中国的近台快攻代表了乒乓球技术的发展方向。

上海的乒乓球受到各级领导高度重视，打乒乓球的设施条件和氛围比较好。特别是从第二十六届世界乒乓球锦标赛以后，各区成立了不少青少年业余体校，吸引很多中小学生参加。有的还办起了"学习、训练、生活"三集中的学校。有不少资深的教练在体校任教，深受家长和学生的欢迎。因此，上海涌现出不少有发展前途的优秀苗子，被输送到上海市和国家队集训。经过高水平的强化训练，至今已有十多名荣获世界冠军和奥运金牌，名列全国第一。

上海被誉为"乒乓球世界冠军的摇篮"，其中最突出的是上海的倪夏莲。她退役后到卢森堡任教，入籍后，代表该国参加国际上的大赛，如今60多岁了，还活跃在国际乒坛上。

八、从"小球"变"大球"，红双喜功不可没

随着乒乓球技术的不断提高，比赛中由于击球速度的加快和旋转的加强，双方的回合数减少，常常一两板就决定胜负，精彩场面在减少。因此，提高观赏性，吸引更多的人来看乒乓球比赛，增加电视转播量，成为国际乒联的共识。

我担任国际乒联主席期间，从日本的一种44毫米的"大球"中得到启发。因为球体积大，速度慢，旋转少，双方打球时回合增多，所以深受中老年爱好者欢迎。日本还经常举办比"大球"的赛事，参加者非常踊跃。我在想，如果

2000年，徐寅生被国际奥委会授予奥林匹克银质勋章

把现在用的球适当加大一些，也许会好一点。我的想法得到了大家的赞同。

赞成都是口头上的，需要落实到行动，比如说球改到多大，打起来什么样子，速度、旋转会改变多少？都需要大家去试验、去实践。外国人光赞成，但是他们不动手试验。我就想到上海红双喜，他们一直积极支持乒乓球活动，于是就连夜和上海红双喜老总楼世和通话。因为时差，楼世和接电话时是在晚上，而乒乓球器材厂最怕晚上接电话，怕有事故，乒乓球容易着火，他也为此吓一跳。我就和他讲了有关情况。我问他，能不能生产一批大球作试验用。交流后，我才知道做一个大球并非那么容易，要改生产线，重新开模具等，需要投入不少资金。有的外国厂商还形容说，这是个天文数字。难怪他们不干。

尽管这样，楼总还是表示"只要是中国乒协和国际乒联需要，红双喜一定支持"。红双喜很快把原有的38毫米改为40毫米的大球制作出来了，并送给国际乒联，由他们再分发给各个协会，让运动员们

徐寅生参与乒乓球活动

徐寅生与采访团队

去试验。中国乒协专门在苏州搞了一次大球的乒乓球邀请赛，邀请中外一些名将来参赛，科研人员也是现场观看，并进行统计，收集资料。

经过这轮实践，初步得到一些好的反馈。特别是白俄罗斯运动员萨姆索诺夫拿了冠军后，非常高兴，对大球给予好评。从现场观看，球的来回多了一些。欧洲也积极响应，在丹麦搞了一次大球比赛。经过几次实践，最后形成一个共同看法：大球对减慢速度、减弱旋转是有好处的，也有一些科研数字支撑。我卸任后，我的继任者加拿大人阿达姆·沙拉拉①，在他任期内把各种各样的数据公布给大会，最后大家一致同意通过。

考虑到制造商的利益，延后了使用大球的时间。对于青少年比

---

① 阿达姆·沙拉拉，第六任国际乒联主席。沙拉拉于1999年当选国际乒联主席。2000年2月在吉隆坡举行的第四十五届世界乒乓球锦标赛期间，终于将改用大球变为现实。

赛，暂不做规定，便于他们处理现有的小球。

实践证明，改为大球后，对提高比赛的观赏性很有效果，受到了各方面的好评。如今在比赛中，双方连续几十板的对轰，从近到远，左右奔跑，有攻有守的精彩景象不断出现。有时一个球的争夺可以让运动员累倒，坐在地上起不来，引得全场观众掌声雷动，大呼过瘾。

如今，乒乓球越来越受到大家的欢迎和喜爱，观众数量猛增，高水平的比赛常常一票难求。电视实况转播成为不少家庭爱看的节目。对于这些变化，应该说红双喜功不可没，同时这也是合作双赢。红双喜首创大球，赢得了市场，为发展乒乓球运动作了重要的贡献，也因此国际乒联把他们生产大球的质量标准作为国际标准，这在我国轻工业史上也是少有的。

口述采访者：李东鹏、戴怡

本文整理者：李东鹏、宋玥、欧阳田融

扫码观看视频

朱勇

从一名中共早期党组织成员到体育工作者

采访时间：2022年1月21日

采访地点：长宁区淮海西路寓所

访谈对象：朱　勇

SPORT
Sport
Win!
be strong
#1
run
I
SPORT
Sport

朱　勇

> 朱勇，男，1928年出生，曾任上海市体育运动委员会（现上海市体育局）副主任，兼任市体育工作大队主任、党委书记。1966年参加全国体育工作会议时，受到毛泽东、刘少奇、周恩来等领导人接见。

整理者按

　　我的家乡是浙江省湖州市双林镇。1937年，家乡的房子全部被日本人烧光，那时候我9岁，就逃难到上海。我父亲在一家南货店做店员。我们一家住在一个二层阁楼，睡觉时头都抬不起，地址在中百一店旁的六合路。家里有我的父母、祖母、姐姐。我那时没有继续念书，14岁时，永安公司招考练习生，我去报名并参加招考。当时在永安公司的一个房间，坐在那里一个一个考试。我原来的名字叫朱崇祥，这时自己改成"朱勇"。考好后隔了几天，永安公司发通知说我被录取了，就这样我进了永安公司。进永安公司后，我被分在糖果部。

一、解放前的地下斗争经历

　　刚进永安公司不久，日本人就封锁了公司周围的区域。因为在那个地方有日本人被中共早期党组织成员攻击，公司被封锁了好长时间。我到糖果部后，起初不知道里面有很多早期党组织成员，他们热

永安公司职员合影（第二排右四为朱勇）

情接待我。最早的一批人还给我书看，跟我讲革命道理。我就跟着参加他们的一些业余活动。那时候在上海银行的楼顶，经常在礼拜天参加"读书会"活动。我看了很多进步的书，比如保尔·柯察金的《钢铁是怎样炼成的》。因为当时社会很混乱，怕我们这批人走上坏的道路，所以早期党组织就教育我们。大约十七八岁，我被介绍入党了。我是1946年2月正式加入中国共产党的。那时候工会是由早期党组织管理的，永安公司早期党组织很强，糖果部里就有很多共产党员，我们每个礼拜都有组织生活。入党后，我就参加了上海"六二三"大游行，送上海代表到南京请愿，我们都去了。

1947年，早期党组织发动一次爱用国货抵制美货运动，因为我们商场卖的大部分是美国货，所以是主力军。2月9日，在南京路的劝工大楼举行大会。会议本来在新都剧场开展，但被国民党破坏，就选了劝工大楼。"二九惨案"①就是2月9日那天，我们一群年轻人兴

---

① "二九惨案"，1947年2月5日，上海百货业召开200多人参加的座谈会，成立"爱用国货抵制美货筹备委员会"。2月9日，"爱用国货抵制美货筹备委员会"成立大会在南京路劝工银行大楼召开，上海各界代表400余人参加。国民党特务200余人扰乱会场，打人行凶，永安公司职工梁仁达被毒打致死，13名职工代表被打，致重伤。摘自上海市黄浦区总工会编：《百年红色工运：上海市黄浦区域内工人运动、工会组织发展史》，上海社会科学院出版社2021年版，第97页。

致勃勃地参加大会，那时组织上让我担任纠察，保护主席台。会场内大家集体唱《赶不走那美军心不甘》这首歌曲，我坐在主席台旁边，那个时候，邓初民①等一些民主人士也来演讲。差不多人到齐后，劝工大楼三楼突然冲进一批特务，手拿棍子，开始打砸主席台旁边的台子。会场立刻分成两部分，我们退到台上。怎么办呢？要先把一些民主人士从后面跨越阳台救出去。我们在台上抵抗特务的冲锋，在双方的冲突中，我受伤了，梁仁达那时也受伤了。

由于我们头上伤口出血要包扎，就决定到四马路的仁济医院去。那个时候年轻，不怕外面正在戒严。出去后走到南京路碰到警察，他们接到上面命令，凡是受伤的，一律逮捕。我和曾永全两个人坐三轮车去医院包扎，两个警察跟在我们后面。那时梁仁达已经在里面了，他伤得很厉害。在医院包扎好后，我们就被带去黄浦分局，开始审讯我们。审讯那个警官姓任，他说："好端端的，你们去参加活动干嘛？"我们说我们被打伤了，要控诉。他就问姓名等信息，把我们关在拘留室，拘留室里好像有10个人，其中有3个特务。特务说被我们打了，他们也受伤了。关到下午时，中共早期党组织派人来看我们，是百货公司的人。后来沈钧儒等一些民主人士保我们，5点钟左右把我们保释出去了。那时我们有3个早期党组织成员，好在3个人都没暴露。一个叫乐尔登，一个叫王汝康，还有一个是我。我们租借的房子楼上，是中共早期党组织的党总支副书记陆尚宗，隔壁也是党员，我是后来才知道他们也是早期党组织成员。那时中共早期党组织办的活动，比如发传单等，都在半夜里进行。

---

① 邓初民（1889—1981），湖北省石首市人。著名社会科学家，长期从事社会科学和社会史教学和研究工作，国家级有突出贡献的教授，中华人民共和国成立后山西大学第一任校长。1941年在重庆加入全国各界救国联合会，参与发起成立中国民主革命同盟，并加入中国民主政团同盟。1945年1月被选为中国民主同盟中央委员。抗日战争胜利后，以民盟代表团顾问身份，参加重庆政治协商会议。后到上海主编《唯民周刊》，参加爱国民主运动。1949年出席第一届全国政协会议，被选为全国委员会委员。

马叙伦的文章《抗议劝工大楼的暴行》
（资料来源：《评论报》1947 年第 14 期）

"二九惨案"发生后，中共早期党组织召开职工大会，那时永安公司有九百多人，我在会上控诉怎么受伤的。工会开大会慰问我们，说我们是英雄。之后，国民党地方法院审判，在法庭上我们也进行抗议。那时中共早期党组织决定要把梁仁达烈士的事件谱成歌，派我、乐尔登两人去找郭沫若，他住在虹口区。到了郭沫若家，我们说的情况，郭沫若都知道，我们希望他写一首挽歌反映我们受到国民党迫害。郭沫若和于立群夫妻两个人，请我们吃饭。吃完饭，他答应写"二九惨案"，作为追悼用。这些都是中共早期党组织安排的。后来根据郭沫若写好的，孙慎谱写曲子。曲子叫什么名字我记不得了，歌我们都会唱。我那时会吹喇叭，也会吹笛子。

歌曲谱成以后，为纪念梁仁达烈士，准备开展大出丧。后因形势变化，大出丧没进行。大家发传单时，上海工人群众都对"二九惨案"表示慰问、同情。但国民党采取高压政策，没法公开声援。

斗争进行了很长时间，后面国民党开始实行白色恐怖，要抓人了。1948 年，中共早期党组织通知我们要提高警惕，这时候党决定让我撤退。开会时说："你撤退到解放区，名字要换掉，不能够用朱勇。"我就改成"于伊平"到解放区。另外，党告诉我还要做交通员，因为大批人撤退需要人带。于是，我秘密地从北火车站出发，找到交通员，把那批上海银行界高管送走，先到镇江，再到扬州。这些人戴着眼镜，看不清路，走错了，差点到敌占区，我拼命喊叫，把他们叫回，才顺利等到地委派人把这些人接走，我第二天清早回上海。隔了没多久，第二批也让我带，要我原路带出上海。

丹阳整训时的学习资料和纪律规定——《城市政策第一辑》，中共华东中央局秘书处编印，1949年，上海社会科学院图书馆藏

后来，我跟着解放军解放上海，在渡长江时遭遇了榴弹炮猛烈的轰炸。我跟着解放军渡长江到镇江，他们把我编入青舟纵队，后来又转变成九兵团。然后在丹阳集中进行整训，学习入城纪律和城市管理，全面了解上海市情，为解放上海做准备。丹阳整训后，就开始进入上海。

二、投身上海体育事业

上海于1949年5月27日解放。我是5月26日晚上到南翔的，然后上海的早期党组织派汽车接我们进市区，我睡在交大的大礼堂，分在上海总工会。刘长胜当时担任总工会主席。总工会后面接收烟厂工会（当时我是烟厂工会的组织部长），因而请我担任轻工业工会副主席，工会下面有一个红旗体育协会，我担任会长。协会下设一个足球队，在我的带领下，打赢了上海足球队，引起了轰动。我后来在多

朱勇（左二）年轻时与朋友合影

个岗位间调动，是突然间被调到上海市体育运动委员会（简称"上海市体委"）的。可能是领导认为，我能够让红旗足球队把上海市的足球队打败，非常不容易。红旗足球队的基础就是东华足球队，它的基础比较好。20世纪60年代初，我进入上海市体委，分管体育专业，担任运动系副主任，重点抓篮球。那段时间，我主要抓专业。我带队出去打很多比赛。运动员上早操时，我也做早操，我能够跟他们打成一片。这个可能是我的优点。因此领导一直叫我抓体育。第二届、三届、四届、五届全运会，我都参加了。

第五届全国运动会在上海举行，作为东道主一定要把比赛办好。① 我那时是上海市体委副主任，兼体育运动技术学院院长、党委书记。领导给我的任务就是上海首先要争第一，精神文明第一，运动成绩第一。那时领导我的人是杜前②，他是上海市体委党组书记。杜

---

① 中华人民共和国第五届全国运动会于1983年9月18日至10月1日在上海市举行，这是第一次在首都以外的城市举办全运会。
② 杜前（1921—1993）男，又名杜怀胜，山东省商河县人。1938年4月加入中国共产党。济南解放后首任团市委书记。1955年2月起，先后任团中央统战部部长、第一机械工业部销售局局长。1957年4月调任上海市体委副主任、党组书记。1969年3月后，历任上海市体委革命委员会政宣组成员，市体委干部学校党支部副书记，市体委党委副书记，市体委革委会主任、党组书记，市人民政府教育卫生办公室副主任，市体委主任、党组书记，市体委顾问。1983年6月至1988年4月任上海市政协常委。1977年至1990年任中华全国体育总会副主席，中华全国体育总会上海分会主席。1990年6月离休。

前和我谈话，让我负责，我就向领导提出要求，我说："我愿意接这个任务，第一，你要给我权力，运动员的出国权、工资权、房权，由我来安排。另外，我直接对你负责，因为体委各部门直接管的太多了。"我们领导非常支持我。任务下来后，我跟我们的班子讨论，然后我就跟各个班要求，全部和我定合同。比如朱建华怎么破世界纪录，朱建华是田径队的，首先田径队成立一个班子，派员来进行领导。第二，田径队著名的一些运动员要管起来，定指标，定合同。比如朱建华每个星期训练时，把大学里体育老师全部叫来看他跳高，目的是提高训练质量。第三，我让营养师跟朱建华商量他的伙食，包括所有参加第五届全运会运动员的伙食，全部都要提高质量。第四，朱建华住的地方要改善，要单独住。朱建华的思想工作要让领队管好，一个队一个队地定合同。足球队，你要拿冠军，定合同。所有项目都跟我定合同。

"合同制"效果很好，在五届全运会上，上海队全面开花。第五届全运会开始，我是上海代表团副团长。我们国家原来整体田径水平很低，朱建华要破世界纪录是很难想象的。那时，我向国家体委一些领导人汇报时就提到，要敢破世界纪录。结果，在虹口体育场朱建华打破世界纪录。之后，朱建华在那一年里连破世界纪录，这在当年实属不易。跳高就这样拿了冠军，其他项目都这样。那时候还有羽毛球等几个比赛项目，我们全部完成既定目标。那一届全运会上，为奖励上海精神文明、运动成绩双丰收，我代表上海市体委在万体馆大礼堂接受奖旗。荣誉是靠努力得来，而不是靠吹来的。那时候我们运动员都是起早贪黑地苦练，所以在第五届全运会上，破世界纪录，足球拿冠军，其他项目都提高了。

我在体委当领导时，把伙食搞上去了，所有运动项目的后勤设备搞上去了，再就是取得好成绩会有奖励。这个奖励制度制定出来后，体委就在衡山宾馆后面建了房子。这批房子分配给有贡献的运动员。我明确了运动员的工资级别，主力二级，候补一级，让他们得实惠，能够享受比较好的待遇，制订的目标任务也能完成。

后来，我开始担任上海体工大队大队长①、党委书记。因为当时搞国家队体制，上海跟全国一样都叫大队。1980年时，体工大队在梅陇选新基地。因为原本体工大队的训练基地在风雨操场②一块、江湾一块、南京路一块，地方太分散，要集中起来，就选在梅陇基地。梅陇基地还是挺好的，现在又改到崇明了。

进入20世纪80年代，上海开始举办马拉松比赛。1981年4月首届上海杯马拉松比赛在嘉定进行，上海选手王雅萍获女子冠军。以前的领导也曾经讲过，抓专业提高不能忽视普及大众体育，群众体育是主要的。从长跑赛到马拉松，跑步得到广大人民群众的喜爱。

我总觉得运动成绩的取得，都是积累的成果。今天取得的成绩是在前几年努力积累下结成的果实。每隔一段时间就会出一批新星，110米栏的刘翔、跳高的朱建华、篮球的李秋平，这些都是很优秀的运动员，上海的体育是有雄厚基础的。

现在全国比较重视普及体育，体育领域的机制体制也在不断发生改变。体育运动的基本力量是普及的大众运动。我那时候就抓学校体育、群众体育。因为没有学校体育、群众体育，就没有优秀的体育生资源的来源。

竞技体育必须要有群众体育基础，现在也是这样，体委抓的时候

---

① 为上海体育职业学院的前身，1970年称上海体工队。上海市地方志编纂委员会编：《上海市志·卫生·体育分志·体育卷（1978—2010）》，上海古籍出版社2021年版，第563页。
② 上海市风雨操场始建于1954年，由国家体委投资，1955年建成，坐落于上海市徐汇区衡山路与宛平路路口，与衡山宾馆毗邻，是我国第一座室内田径训练场，建筑总面积4320平方米。

也要抓群众体育。因为只有人民的体育发展了，体质健康了，才能不断出人才。还有人民生活水平提高了，这也是一大改变，因为人民生活水平的提高肯定会让中国体育越来越好。

三、与国家领导人的体育缘

我很长时间是在上海南京路度过的，永安公司在南京路上，上海市体委也在南京路。体育大厦是陈毅指定给上海市体委的。上海体育大厦这样的地方多好，毛主席当时来上海体育大厦游泳，也有很好的体育设施，体育大厦下面曾经还有个保龄球场。

毛主席在上海看戏时，我曾陪过他们。我那时候的宿舍是总工会的宿舍，我算是年轻的干部，毛主席来时，大家都去接待，他会接见开会同志。一般我是坐后面，坐第一排只有一次，而且毛主席和我握过手以后，我连手也不舍得洗，回来再和大家握。

我喜欢广交朋友，但是我一定要交好的朋友。不好的朋友我不要。我交了一个好朋友，此人叫丁关根，丁关根人很好，很有能力。我在体委工作时，决定组织一个桥牌队，参加国际上的桥牌赛。这是一项体育活动，上面指定要我组队并带队。我组队选择队员的标准，一是牌打得好，二是人要好。我就选择了王俊人、周铁锚、陆玉麟、唐继祖、唐后祖这批人。后面去香港比赛，上海队拿了个亚军，最后输给了香港。北京队是丁关根带队去的，北京来的都是一些教授，所以我第一次在香港认识丁关根。桥牌比赛结束后，主办方新华社本通知我们第二天离开。我说，我们想在香港走走，能否晚一些离开。新华社同意，再叫我们从酒店搬到新华社，我就这样认识了丁关根。以后出国比赛，到新加坡又碰到丁关根。这次我们成了朋友。

邓小平来上海，凡是打牌，都要叫我。跟邓小平打牌时，我发现他打牌很有水平。邓小平喜欢打桥牌，打桥牌可以丰富思路。邓小平打牌时，给人的第一个印象是这时的他就是一个桥友，不要怕他。第二个印象是他的思路很明晰，反应很快，而他一定要争取胜利。他有强烈的争取胜利的欲望。有人说他水平还是挺高的，要赢他也不容易，他的搭档就是丁关根。邓小平打牌时，他的家属都在旁边。他很喜欢他的孙子，喜欢他的女儿。他很亲和，跟我们握手，说我们都是桥友。我的朋友叫我打桥牌，不是因为我水平高，而是因为大家都是好朋友。

以后，我带上海桥牌队到日本访问，去过好多国家。我也带过足球队到香港。我跟霍英东签订一个协议，中国内地足球跟中国香港足球的交流中断了40年，我说，沪港杯应该恢复。我们在上海和平饭店谈判，确认了沪港杯的足球比赛的恢复。后面一年一次，连续到现在。国家体委的荣高棠、香港的霍英东对中国体育的提高都有贡献。我们去香港时，霍英东待我们挺好。他知道我会喝茶，就把茶壶全部弄好。他在广州开了一个酒店，我们国家外资投资的大酒店是他第一个站出来的，他很愿意捐助国家体育运动。

在国际交往中，应该说体育是做得不错的。同时，国家队许多乒乓球运动员是上海输送去的。徐寅生这批人就是在上海体育宫训练的。训练后，他们被直接调到国家队。我每年去看他们，上海运动员最起码有五六十个。上海也出了很多乒乓球明星，因为上海的许多乒乓球前辈就是明星，前辈带得好。

四、寄语上海体育

上海体育现在还是不错的，2021年东京奥运会的冠军，上海出了蛮多的。我碰到两个上海市体育局新的领导，虽然和他们不太熟悉，但是他们还是很认真地在开展体育工作，很有希望。对于上海体

朱勇在上海体育博物馆，摄于 2022 年

朱勇与采访团队

育,就是觉得还是多接触接触运动员,多接触群众。

  我一向倡导人要敢做敢为,无论是工作中还是生活中。还有一点是要处理好人际关系,人际关系对延长人的寿命特别重要。所以我能够活到九十多,没有顾虑。

口述采访者:袁念琪、汪珉、李东鹏、查雨卉等

本文整理者:李东鹏、施依娜、宋玥

程骏迪

"新中国赛艇第一人"的破浪人生

采访时间：2022年7月5日
采访地点：上海市康东网球馆
访谈对象：程骏迪

SPORT
Sport
Win!
be strong
#1
run
I
SPORT
Sport

程骏迪

> **整理者按**
>
> 程骏迪，男，1933年出生，于2023年逝世。新中国首批赛艇运动员。曾任上海赛艇队教练员、国家赛艇队教练员。是中华人民共和国成立后上海第一位从事赛艇运动的运动员，见证了上海赛艇运动的发展，并作为中国赛艇队教练率队参加1984年第二十三届夏季奥运会赛艇比赛，获得女子四人单桨有舵手艇第八名和男子四人单桨无舵手艇第十名，书写中国奥运赛艇第一笔。1986年调至上海体育科学研究所，获得多项科研奖项。

我从小喜欢体育，老家住在杜行镇（现闵行区浦江镇），镇子就在黄浦江边上，所以我从小对黄浦江、对水、对来往船只有着特殊的感情，每天都会去江边走走。抗日战争爆发后，日本人开小汽艇在黄浦江两岸扫荡，为了逃难，全家人只好搬到上海南市区。

一、体育生涯的开端

当时家里距沪南体育场（原上海市公共体育场）较近，由于从小喜欢体育，1949年，我就开始练习体操。当时还是学生，以读书为主，练体操主要是为了锻炼身体。

1950年，我开始在沪南体育场参加体操训练班。当时上海市体委还没有成立。上海体育由市教委的社会教育处统管，社教处派工作人员接管沪南体育场。从1949年上海市立体育专科学校毕业的学生中，分配了4人到沪南体育场开办训练班。其中叶桂泉开办体操训练班，祝益寿开办篮球训练班，胡伯钰开办径赛训练班，翁士堃开办跳远训练班。我便是解放后第一批正规参加训练班的学生。

1952年，上海开始大力发展体育运动。叶桂泉被调到隆昌路筹建杨浦体育场，我就担任体操训练班的教练。祝益寿调到山东路筹建山东路体育场（现黄浦体育馆，原址为外国公墓），由于黄浦区是商业中心，又是市政府机关集中地，中间屹立一个外国坟山很不雅观，市里决定将公墓搬迁到西郊，原址改造为体育场，在内部改造一个200米跑道，跑道中间建设两个篮球场。公墓原本设有一个用于祷告的小教堂，意图改造为一个小型体育馆，在里面开办体操训练班，邀请我去教授体操。因为我当时在市劳动局上班，离山东路近，可以早上训练后直接去上班，所以我便同意了。然而实地授课时，发现限于教堂的面积（只有15米长10米宽），无法达到体操项目所需的助跑距离，腾空翻及跳马等项目无法施展，体操项目难以在这里发展。

1953年，正值上海军管会接管英国人的划船总会，由于它地处黄浦区，由山东路体育场负责接管。时任英国驻上海领事馆代表汤姆逊傲慢地质疑说："28条船，62支桨，你们中国人拿去又不会划。"意思是你们接管没用。实际上解放前，我们确实没有见到一个中国人划过赛艇。6月，上海划船总会里的室内泳池被修缮一新，更名为"黄浦游泳池"，交给山东路体育场代管。游泳池旁有一个船库，有大约25米到30米长，比小教堂要宽敞，我们就把训练班搬到船库里，由此跳箱、跳马、腾空翻这类高难度动作都可以顺利进行。

1950年划船总会旧址
(图片来源：上海音像资料馆藏纪录片《人民的上海》截图)

二、新中国第一批赛艇运动员

我在船库中开办训练班，总不免看到船库中的船，以前没有见过赛艇，总是疑惑这是什么船，觉得很新鲜。每天看着，心里总发痒。我从小在黄浦江边长大，没有划过赛艇。我就找了同样水性好，也有划中国传统船只经验的业务股长王炳耀，问："我们是不是弄条下去试试看？"王炳耀被我说服了以后，便取了艘双人艇，开始了我们的尝试。

划船总会接管的时候，留用了两个原是英国船库管理员的中国工作人员曹文标、曹德钧，他们看过外国人划船。于是我们从他们那里了解了安放船桨和划船的方式，就直接上船，离开码头划了。一开始刚划几下，船便翻了，我们也无所谓，把船推到码头边上，翻过来把水倒掉，爬上码头，再坐下去，重新再来。这样子重复了二三十次，再出去不翻了。我们便开始正式探索和训练，起初不敢用力划桨，就两边撩撩，时间差不多时，就结束训练。

尝试赛艇后，感受到趣味了。我们两个人商量，本来也没人使用赛艇，我们就约好，每天早上6点钟到黄浦游泳池，训练班结束后，进行一个小时赛艇训练。开始我们不敢划出外白渡桥，只在苏州河里打圈。大约两周后，我们对船的性能，包括平衡都比较熟悉了。因为我们都有体育基础，尤其我是练体操的，平衡能力比较强，适应得比较快。所以我们决定尝试划到外滩公园，就这样子一点点放长距离，再逐步研究赛艇动作。

1953年9月，由于王炳耀成家了，我就一个人开始划单人艇，从开始初步掌握，到逐步摸索双桨的划桨技术。3个月下来，我已经能独立划到外滩。因我8点半要到机关上班，每天的训练时间要把控好，涨潮时我会划向杨树浦电厂，退潮就划向十六铺，怕翻船不敢戴手表，就每天看外滩海关大楼上的大钟，每天逆水而上，顺水返回，保证不会迟到。下午6点钟下班后，我会再去划两个钟头。就这样每天坚持，无论冬夏。

1955年2月，正值国家体委副主任蔡树藩访问东欧8国后回国途经上海，住在上海大厦。他偶然看向窗外，看到我在划船，对上海

程骏迪正在划单人艇

有赛艇感到惊奇。当时上海市体委已经成立，他就打电话问体委副主任李凯亭（原教育局社教处处长）："你们上海有赛艇？""啊？"李凯亭一愣，问："哪里有赛艇？""我在上海大厦窗口看到的。"了解事情经过后，蔡树藩副主任前往黄浦游泳池，叫我展示赛艇技术，我从外白渡桥到乍浦路桥，划5个来回。蔡树藩看了非常开心，向我们介绍赛艇，表明赛艇运动在东欧广泛普及。同时，赛艇也是奥运会项目，是奥运会的金牌大户，仅次于田径和游泳。奥运会赛艇共有14块金牌，皮划艇有12块，加起来有26块金牌。所以说，我们国家将来肯定要参加奥运会，就必须要开展赛艇运动。经过他的讲解，李凯亭、祝益寿重视起赛艇这项运动，我也进一步了解了赛艇。起初我们只是玩玩，也没有考虑过把它作为终身事业去发展。

三、水上征战

1955年10月，国家体委发文：沿海城市要开展赛艇运动，指定上海要发展赛艇项目，定于一年后11月在杭州举行赛艇表演赛，参赛城市为上海、杭州、哈尔滨和大连。其中，上海最早开展赛艇运动，其次是当年接管苏联水上俱乐部的哈尔滨，东道主杭州没船也不会划，要求来沪学习并要订船。上海找厂家制造仿英赛艇4套，运到杭州，并开办全国第一期赛艇训练班。

比赛需挑选运动员，我们最初的想法就是一定要会游泳。20世纪50年代，上海会游泳的人不多。我们将全上海的游泳池都跑了一遍。水上项目不像陆上项目，如果翻船，黄浦江没有盖子，我生怕出事故。所以要求游泳必须要会200米以上，而且要连续游，不能靠池休息。游泳测试合格再拉到黄浦江去绕一圈，测满250米合格，再去陆上测试力量项目。力量项目就4个动作：第一个是杠铃快挺，20秒，男子30公斤，女子20公斤；第二个是杠铃提重，弯腰90度提重，主要测试腰部力量跟手臂力量；第三个是立定跳远；第四个是仰卧起坐。4个动作达到要求就录取。测试后共招22人（男12人、女10人），然后开始训练，先在陆上做动作训练，基本掌握划桨动作再上船。在苏州河里活动熟练后，转到黄浦江训练，当时苏州河里船还不多，比较安全。一直训练到8月份，最终选出参加杭州表演赛队伍男10人、女8人。

1956年，组队训练后，我从市劳动局借调到上海市划船俱乐部，与王炳耀两人，正式被任命为上海市划船队教练。10月，前往杭州西湖适应场地参加比赛。我们也同时作为运动员参赛，具体安排是我负责划单人艇，并与王炳耀划双人艇（因为比赛规则规定赛艇项目一人可兼两项）。此外，王炳耀、沙济平、金锡荣、杜志高划四人艇，其他全部上八人艇。单人艇是第一个项目，11月11日，从杭州西湖六公园出发，由于杭州西湖是静水湖，没有水流，每划一桨像扎在石头上一样，阻力较大，需要有个适应过程，我们经过几天摸索，掌握要领。当时杭州方面没有经验，航道是采用一根根竹桩进行划分，搭得像梅花桩，整个西湖，4条航道，间宽15米，直宽25米，等于在走梅花桩。比赛第一组就是我跟哈尔滨队的李朝善，他是中俄混血儿，个子比我高一头，我站在他旁边像小孩一样。出发后李朝善便领先我近10米，然而由于他原是在宽阔的松花江训练，这里航道只有15米宽，他每划一桨都敲在竹桩上，影响了船的速度。我作为上海人比较活络，瞄准六公园顶上的旗杆，将船尾水线对准旗杆，只要船尾水线直，船就能直线行进。所以我发力一点没受影响，到了500米时，我领先20米，一直到终点，一路领先，将李朝善甩了近500米。当时没有预赛和复赛，按成绩决定名次。第二天参加单人艇比赛的选手，黑龙江的赵修栋和浙江的钱一鸣成绩不及我们，我成为第一名。此后，双人、四人和八人艇上海队都一路领先，斩获全部男子四项冠军。当时我们也清楚上海的有利条件就是赛艇运动开展和摸索得比他们早，通过这个比赛了解了全国赛艇的水平。

同时，上海也要在群众中广泛地开展赛艇运动。上海市体委发文，要求各系统单位和企业等通过体育协会，根据游泳要求和体育基础，选拔赛艇人才，每个系统录取3人。1957年3月18日，我们开办第一期赛艇辅导员训练班，我编写了新中国第一本赛艇教材。当时参加培训班的人员来自工厂、大学、中学等多家单位。6所大学分别是南面交大、第一医学院、第二医学院，北面复旦、同济和水产。中学有虹口中学、格致中学、复兴中学、第六十七中学。女子也从市一女中、市二女中、市三女中、市四女中、市六女中招收一批会游泳的开办训练班。每个单位学完回去后，发展本单位的划船队，赛艇运动便逐步在上海普及开了。1957年，国家体委拨款给上海85万元，在黄浦江西岸建造上海市划船俱乐部，训练便转移至俱乐部港口。

1957年10月，上海、江苏、安徽、湖北、广东、山东和福建7

1959年，程骏迪在第一届全运会上获得赛艇男子单人双桨冠军

地在武汉东湖举行七城市划船锦标赛。国家体委指定，让我开办全国赛艇训练班，向其他6地教授赛艇运动。我编写一本讲义发给他们，希望大家能够掌握赛艇的基本要领，回去将省市的赛艇运动开展起来。海纳百川，大气谦和，这是上海一贯的风格。

到1959年第一届全运会，我继续保持单人艇不败纪录，获得冠军。在男子项目上，上海队囊括单人、双人、四人、八人的4块金牌。所以这一届全运会，我们上海男女总分获得两个第一。当时，上海一直是赛艇项目的排头兵，一路领先。

四、积蓄力量

1959年后，我国进入"三年困难时期"，属于重体力项目的赛艇运动陷入沉寂。因为是奥运会项目，国家体委贺龙主任决定，全国赛艇保留上海、湖北、广东、浙江4个队，每个队15个名额。女子队全部解散，队员回归原来工作岗位，学生仍旧回去读书。因此上海队只留了15个人，我担任教练。由于当时没有比赛，运动员愈发松懈。之前有比赛时，大家劲头十足，以此来提高划水效果和质量。这批运动员是我一手带起来的，所以对我比较尊重。我只能做他们工作。领导既然叫我们留下来，我们就应该承担责任，对赛艇进行进一步研究。没有比赛，我们就从研究角度，研究如何深入提高划水效果，提高划桨的发力动作。我要求这些队员将参加大赛时自身的体会写成总结，汇总以后集体讨论，定出上海队的划桨风格。

1961年，由于浙江杭州离上海较近，两支队经常联系，便探讨举办一次对抗赛，因为比赛对训练有利，确认后再邀请湖北队和广东队参加。1962年又举办了一次对抗赛，一直保持到1963年经济复苏，国家体委在杭州专门举办一次四单位划船锦标赛。上海队包揽男子单人、双人、八人3枚金牌。

1964年，上海赛艇运动员在龙华港口上海市划船俱乐部训练

　　1966年，赛艇队解散。上海市划船俱乐部被闵行电机厂看中，意图将船库改为车间。我们便把俱乐部存的200多条船保存在远洋公司的仓库中。我被安排到江南造船厂进行劳动，通过劳动，我也颇有收获，学会电焊、风焊。后来我调去造潜艇，又学会氩弧焊、铝合金焊接。此外，车锯刨铣的三脚猫功夫都学了一点，对于劳动，自然是师傅叫我做什么，我就做什么。

　　1971年，我国恢复联合国合法席位，陆续有消息要恢复奥委会席位。因为赛艇是金牌大户，1973年国家体委通知有条件的省市要恢复赛艇运动，上海便恢复赛艇了。但是上海码头、船库和运动员的宿舍都没有了，经过市革委会文教组出面，多方协商，请木工维修旧码头，并在其上搭建一个草棚作为船库，从远洋公司仓库取回船，赛艇队就这样重新搭建起来，所有人就住在离码头较近的上海中学。当时我没有调回去，仍在江南造船厂。

　　1973年11月，我离开江南造船厂，来到港务局训练港务局划船队。到1975年，国家体委组织第三届全运会，上海体委从港务局把我调回到划船筹建组。我是 1975 年 3 月 18 日到上海中学报到的，负责训练上海参加第三届全运会的队伍。我之前一直被称为"金牌教练"，是因为我在这个项目上有规矩，没有金牌，我教练情愿不当。当时距第三届全运会仅有 5 个月，我只能有重点地抓两枚希望较大的金牌。像女子的双桨，我有独特的教练方法。我原本在 20 世纪 50 年代便包揽了男子双桨的金牌，现在我还是以双桨为主。当时主要负责吴育伟和范安萍的两条单人艇。后来另一位教练陈士麟负责皮划艇，带队去南斯拉夫参加比赛。所以我一个人抓男女赛艇队，最终带队在第三届全运会上获得两块金牌：吴育伟的单人艇，以及吴育伟和范安萍的双人单桨有舵手艇。此外，在此届全运会上，上海队还斩获男子八人艇第二名和女子八人艇第三名。

1975 年 11 月，当时上海赛艇项目的少体校设立在长风公园。我便专门在长风公园开设了双桨训练班，招收 5 个学员，准备填充入第四届全运会的赛艇队伍中。我上午在市体校讲课、训练市队，下午学员们放学后，两点钟到长风公园进行双桨练习。一开始都是在长风公园的湖里训练，在安全问题上，我这根弦始终是绷紧的。所以在我手里，黄浦江上训练三十几年，没有出过一次事故。我要保证赛艇项目的开展，一旦出了事故，对我们这个事业的发展影响太大。

1978 年，要备战 1979 年在杭州西湖举行的第四届全运会。当时我和陈士麟分别负责上海赛艇男女队。陈士麟抓男子，我主要负责女子，同时还负责男子 4 个双桨选手，张建林和吴伟平这两位选手是从长风公园训练班里调上来的。当时全运会赛艇女子项目只设有 3 个，单人双桨、双人双桨、四人单桨有舵手（张黎明操舵），没设女子八人艇。我们上海队的 3 个项目全部拿下冠军，单人艇第一名吴育伟，第二名范安萍，拼起来双人双桨又是上海第一。四人艇三次赛定名次，我队三战三胜，名列第一。我教练的男子项目男子选手囊括第

1978年，中国赛艇队队员在新西兰参加世界赛艇锦标赛时合影

一，教女子项目女子选手囊括第一，教授实力得到肯定。第四届全运会主要是为了选拔9月份在南斯拉夫举行的世界赛艇锦标赛队伍，上海女子队因成绩突出，选中单人艇吴育伟，四人艇郑益芳、陈昌凤、朱崇娣、黄美霞，舵手张黎明赴南斯拉夫参赛。领队是国家体委领导魏纪中，教练是我。

上海为筹备1983年第五届全运会赛艇比赛场地，在淀山湖设计建设了水上运动场①。在第四届全运会结束，我便参与了淀山湖水上运动场的筹建。当时的体育方针是普及与提高，我们的分工是王炳耀抓普及，我抓提高。在第五届全运会上，上海队获得10块金牌，创造"一日十金"的奇迹。

五、征战奥运

1983年，要组织参加1984年洛杉矶奥运会的赛艇队伍，国家体

---

① 上海水上运动场坐落在淀山东北部，是国内一流水平的水上训练基地，曾被亚洲赛艇联合会称为"远东规模最大、设备最先进的水上训练、比赛场地"。运动场在1982年2月2日正式动工，1983年8月15日竣工。

委指定我担任国家队教练，带领国家集训队在1983年11月集中到淀山湖进行冬训。原在淀山湖训练的上海队便搬到港口划船俱乐部冬训，我们两条双人艇就留在水上运动场参加奥运会集训。领队是国家体委水上处长杨和华，我们一起一边商量，一边安排训练。当时集训是采取超额集训的办法，我主要负责女子训练，我们上海队进入集训队的是陈昌凤、史美萍、黄美霞、朱崇娣，舵手张黎明。湖北队两个运动员，八一队也是两个运动员杨晓和张秀英。我的助手是八一队的姜述之，陈士麟负责男子赛艇集训，组成人员是第五届全运会双人艇的前三名，其中双人单桨无舵的唐红卫、顾家宏，都是上海的。一直到4月份冬训结束，组织了一次选拔赛，双人艇前两名，转到北京怀柔水库国家体委的水上运动学校进行集训，准备参加美国洛杉矶奥运会。选拔赛女子四人艇原本入选的是上海队的陈昌凤、史美萍、黄美霞、朱崇娣，由于朱崇娣一直受到腰伤困扰，在杨和华的提议下，朱崇娣被替换为更为年轻的八一队的杨晓，所以这一条四人艇上有三个上海桨手、一个舵手，加上八一队的杨晓。其余的人员回原省训练，集训队教练陈士麟、姜述之也回原队执教，我就负责带领国家集训队男女赛艇队。

出发前，《体育报》公布各项目去美国洛杉矶的出访名单，我与杨和华带队去参加奥运会。奥运会上我们吃了一个大亏，没有自带赛艇器械。国际赛联规定，赛艇器材可以自带。然而这是中国重返奥委会后第一次参加夏季奥运会，此前中国也并无赛艇队参加过奥运会，国家体委没有给我们定得名次的目标，叫我们先去奥运会试试看，摸摸底，所以自己没有带器材，而是租借当地器材。当时由于美国对中国处于封锁状态，给我们挑选的都是船库里比我们还要旧的船，这个船比我自己国内用的训练船还差，当时北京用的是德国进口艇，大家都用惯了进口船，现在这条船比上海划船总会接管下来的船还要重。我问："你再好一点的船有吗？多出一点美金也没有关系的。"他说没有了。我后来也没办法了，只能挑了一条稍微好一点的船，但是一测，它要比我们国内的船还要重15公斤，而且它的桨架是倒装的。我们一直使用的船桨架是前三角的，他们的桨架是后三角形的，与我们平时训练的相反。运动员推桨没有把握了，本来推出去45度正好入水，现在推出是空的。领桨是陈昌凤，她问："程指导，我推桨位置没有数了，怎么推法？"我想了想，正好原先在江南造船厂做工人时学的一套东西派上用场了。我在船库里寻找是否可以改装的零件，给了船库管理员一些我们出国时带出来的小礼品，问他要了四根桨架上面的撑杆。我用卷尺量了这个撑杆，与船所需尺寸差不多匹配，把前三角的角度给它拉出来，推桨位置就可以到位了。我和陈昌凤说了一下，她有数了，下水进行了5天适应性训练。

此后，预赛、复赛，我们四人艇一度领先，我们后面还有朝鲜队、日本队等，这几支队伍都在我们后面。决赛，A组决1到6名，中国队与英国队同在B组决7至12名。之前半决赛时，我们领先于英国队，赢了英国队一秒。现在我们的目标就是要争取前八名，因为奥运会录取名次是到第八名，才能有积分。此前我们一直蛮顺利，到决赛这天，英国队发急了，起步抢航犯规，裁判鸣锣招船回来重新出发。第二次出发，我们运动员稍微懵了一小会儿，慢了半拍才出发。走到终点后，英国队领先我们0.5秒，所以她们第七名，我们第八名。我其实一直有点遗憾，假使不懵那一下，我们的名次肯定在她们前面，应该是第七名。但是不管怎么样，我们在器材不利的条件下，为国家在奥运会上夺得宝贵一分。这个一分非常可贵，因为中国在计时类项目上，包括赛跑、游泳等，除了赛艇，在本届奥运会上一分都没有拿到，赛艇是计时类项目唯一的一分。当时在第二十三届奥运会上，我们的15块金牌主要是靠体操、跳水，都是技巧性项目，在体力型项目，特别男子项目上，存在一定差距。但是在女子赛艇项目上，应该说与国际最高水平比较接近。回北京后，在奥运会总结中，我建议国家体委在下届奥运会，必须自备赛艇器材。国家体委采纳我的建议后，在1988年汉城奥运会前，先在德国订购了两套赛艇船桨直接运往韩国汉城（今首尔），最后我国女子八人艇获得第三，女子四人艇获得第二。1978、1979、1980、1982年，我参加了四次赛艇世界锦标赛，对各个国家在女子项目、男子项目的赛艇水平的发展，掌握得清清楚楚。所以1985年，《文汇报》采访我时，我就说："我们中国赛艇在奥运会上很有希望。"

六、科研经历

1986年1月5日，我被调至上海体育科研所（以下简称"体科所"）。之前32年，习惯于风里来浪里去，坐到办公室里一下子难免

1984年，第二十三届夏季奥运会中国赛艇队在奥运村合影（左二为程骏迪）

不太适应，我就开始总结自己三十几年来水上的经验，特别对双桨自己有一套心得体会，写了20多万字的《双桨赛艇的技术训练与科研》一文。在2020年东京奥运会拿金牌的四人双桨一号桨手陈云霞是姜述之的学生，姜述之是我一手带训的运动员，姜述之带陈云霞时，我也把这本书交给姜述之做参考。

当时体科所正在做赛艇的力学分析课题，然而科研人员没下过船，不了解赛艇的推桨拉桨，做出来的数据无法应用于实际。我便帮他们做一些纠正工作。我在科研所待了12年，共获得5个大奖。第一个是1987年，我的第一个课题"赛艇铝合金架的研制"，此前国内生产赛艇都是铁架，而进口的赛艇已全部使用铝合金，由于铝合金焊接比较特殊，要用氩弧焊，在江南造船厂的学习就派上用场了。所以知识面越广，思路越宽。这个课题成果在1990年北京亚运会上使用后，获得市科委的新技术进步奖。

第二个奖项是在1992年，由于当时电脑、拉力器都是由美国进口的，时任市体委主任金永昌[①]与游泳总教练陈运鹏觉得进口价格太高，外汇吃不消，便联系了我，想请我做一些相关研究。于是我的第二个课题就选择了游泳电脑拉力器，我对电子、马达了解不多，就与浦东杨思桥电机厂合作，他们派了一位上海工大毕业的小青年，他负责电脑和电机方面，配合我这个课题。后来这个课题成功了，1992年获得市体委科技进步二等奖。

游泳、电脑、拉力器有了，但是还需要力量训练，所以我就去研究游泳等动拉力器。因为要铁片，就去了此前工作过的江南造船厂，

[①] 金永昌，1937年生，浙江省镇海市人。毕业于华东师范大学中文系，1959年入选上海手球队，后历任手球、跳水、排球等队的领队；1980年任上海市体委副主任；1988年任市体委主任，兼中共上海市体委党委书记；1993年兼任上海市体育总会主席等职，并担任中国奥林匹克委员会执行委员、中国信鸽协会及中国羽毛球协会副主席。

找了当时在厂的工会主席朱相奎，说："你们这个废料堆里，能否支援一下造万吨轮的20厘米的钢板，我们运动员要做拉力器。"他很爽快地说："一句话，按尺寸要求把控割好了。"就堆出两大堆，请刨床车间将它刨平，制作了游泳等动拉力器，我们又获得了一个科研二等奖。

后来，我曾担任技工学校与中专体协的顾问，他们老师找到我，说上体育课没有场地，是否有办法能够解决，我就又研究了一个功能肌力联合训练器，只要拥有一个25平方米的场地，用它辅助上体育课，两个圈子一兜，30名运动员全部训练到位。后来经国家体委评审，获得科技进步三等奖。

第五个科研项目是优秀运动队（组）训练工作综合评价，这个课题是国家体育总局前局长袁伟民指定我们体科所负责5个项目：田径、足球、排球、游泳、划船，我负责划船分课题。这个课题一直到1997年结束，获得国家体委科技三等奖。总而言之，自1986年我调到体科所，到1994年退休，并返聘至1997年，12年间，这5个大奖便是我科研成果的体现。

在返聘阶段里，市政府人事局组建退（离）休高级专家协会，我担任文化教育系统会员，作为专家组成员，对赛艇方面进行指导工

程骏迪负责的"TW15功能肌力联合训练器"获得国家体委颁发的科技进步三等奖证书

程骏迪负责的"优秀运动队（组）训练工作综合评价的研究"获得国家体委颁发的三等奖证书

程骏迪:"新中国赛艇第一人"的破浪人生　　071

20世纪50年代赛艇运动员给程骏迪教练送的祝福语

《新民晚报》刊登的有关程骏迪的报道（资料来源:《新民晚报》2015年7月11日,第A13版）

程骏迪与采访团队

作，包括体育方面的评审。参加我们上海市体育局的高级职称评审委员会。在 2005 年 5 月，我被评为文教系统"老有所为先进个人"。

口述采访者：袁念琪、汪珉、李东鹏、李磊、查雨卉
本文整理者：查雨卉

黄德国 一位优秀的女子手球教练

采访时间：2022年7月26日
采访地点：上海体育博物馆
访谈对象：黄德国

SPORT
Sport
Win!
be strong
#1
run
I
SPORT
SPORT
Sport

黄 德 国

> 整理者按
>
> 黄德国，男，1935年出生，著名手球教练。曾任上海手球女队主教练、国家手球女队主教练，率队参加1984年第二十三届奥运会，获铜牌。曾任中国手球协会教练委员会主任、上海市手球协会副主席。1989年，黄德国获得国家体委颁发的"突出贡献奖"，并获"上海市劳动模范"称号。

我于1935年在厦门出生，当时生活在农村。抗日战争时期，日本人占领厦门后，在高崎建了一个胡里山炮台，炮口就对准集美中学①，把学校打得稀巴烂。集美学校没有办法，只好内迁安溪②。集美小学很巧地迁到我们村里面，当时我们村里面没有学校。我那时大概六七岁，在农村捡粪、爬树、摘龙眼，调皮得很。集美学校的创办者陈嘉庚是绝对的好人，小学迁到村里面来，他过来后告诉大家，村里面的人进学校免学费，叫校长广泛地把这些孩子组织起来，从此以后，我就进入集美学校读书。

一、从集美中学到上海体育学院（现上海体育大学）

抗战胜利后，集美小学搬回集美，我初中、高中都是在集美中

---

① 集美中学系陈嘉庚先生于1918年创办；1920年7月，定校名为"福建省私立集美学校"；1938年，称"私立集美联合中学"；1939年1月，称"私立集美中学"；1962年，更名为"福建省厦门集美中学"。
② 1937年抗日战争全面爆发，集美各校内迁安溪县城。

学，直到毕业。所以这里面，陈嘉庚对我小时候帮助最大。我则是误打误撞，因祸得福。否则我们村里面没有学校，附近也没有学校，我就是一个野孩子了。

高中毕业后，我一心想考农学院，因为我是农村出来的。我觉得农学院对我来讲有很好的发展前途。我在中学读书时对生物、嫁接这些内容都很熟悉，而且我也很喜欢。陈嘉庚来进行基本建设时，叫我们去挑东西、劳动。在劳动的过程中，上海体育学院的工作人员在招生，他到厦门集美这边看看有没有合适的招生对象，正巧看到我们在劳动。看到我这个小伙子挑担子、挖泥什么的都很利索后，他就问我们的体育老师："这个人怎么样？"体育老师说："这个人可以。""有什么专长？""专长倒是没有，爱好体育，反正体育课什么上得都不错。"他就说："这个人我要了。"于是，我和另外几个同学被他看中了。体育老师来找我，说："上海体育学院要你报第一志愿，你觉得怎么样？"我想想，就报吧，改行了，到上海也可以。所以我1957年9月份到上海，进入上海体育学院。

二、成为一名手球运动员

为什么上海体育学院会成为上海手球的摇篮呢？因为我那时听说上海体育学院老一辈的一些教授，很早就把国外手球的11人制、7人制的书籍文献都翻译好了，并开始了教学，因而学生对这方面比较了解。1957年上半年在北京组织全国第一次手球比赛（7单位手球邀请赛），李震中[①]担任教练，招了一批人去比赛，听说比赛成绩不错。

1957年下半年我去体院后，在体院学习田径、篮球、排球，比较

[①] 李震中（1916—2017），中国篮球泰斗。李震中先生对我国手球运动有杰出贡献。1957年，上海成立手球队时，李震中任教练，在全国首次手球比赛中获得亚军。1979年，李震中被聘为中国手球协会副主席，1992年，在上海举行的东亚手球锦标赛上，李震中出任大赛顾问，为中国男女手球冲出亚洲、走向世界出谋划策。他在裁判法和手球技战术运用的亲身实践上，为我国手球事业的发展作出了功垂史册的启蒙贡献，被中国手球协会授予杰出贡献奖。

1965年与访问上海的日本手球队比赛（左一为黄德国）

全面。当时我像一个农村的野孩子，别人跑 100 米，都是穿钉鞋。那时候是煤渣跑道，不像现在的塑胶跑道。人家穿钉鞋跑，我不会穿，这怎么办？赤脚跑。赤脚跑也一样。他们说："你怎么这样？"我说："习惯了，脚皮厚。"打篮球，别人穿鞋子，我赤脚，在那个水泥地上照样打。因为，当时对我来讲，能到这种地方已经很幸福了，有这样的一个条件不错了。赤脚就赤脚，跑煤渣就跑煤渣，就这样过来了，当时精力也充沛。1957 年的下半年到 1958 年的上半年，正好有一次上体育课时，体育老师在课上选拔手球的校队。选拔时，老师定了个标准，用垒球的垫子放在球门柱的脚上，要求向那打。我心生疑惑，7 米或是 13 米这么远的距离，打那个打得中吗？结果我打起来，基本上都能打中，其他人打不中。而且我打得很有力，打那个门柱也打得挺好。我想，这得益于我小时候，在我们村里面用石头打芒果树的芒果，芒果树很高，有三四层楼高，你几块石头把它打下来不容易。所以小时候，大概在这个方面有点技术，所以我打那个门柱、目标，一打一个准。老师也觉得奇怪，就把我收进校队了。

后来在选拔上海队时，我就进到上海队。上海队也是高校选拔一部分过来，那么以上海队为基础，就组成了一个上海集训队。集训队紧接着备战1958年在沪举行的全国13单位手球锦标赛和1959年第一届全运会。① 当时解放军队伍比较强，因为这个项目场地很大，跟足球场一样，线也跟足球比赛的线类似。在训练过程当中，我觉得篮球、排球这些都比较精细，而手球比较粗犷，适合解放军在军队里面锻炼。所以解放军首先在这方面组织专业队，领先全国各地。

那时训练运动量很大，我们经常从江湾体育场跑到虹口体育场，来回就这么跑，也不觉得累，加上教练精心设计，在各个方面比较认真。那时候教练是沈永杰，后来在奥运会时担任我的助理教练。因为手球需要体能，所以训练后在体能方面得到很大提高。也因此在此后与罗马尼亚比赛时，能够打出比较好的成绩。不过，虽然我们打得不错，但一部分也是因为人家主力没有来。② 后来东德（德意志民主共和国）手球队来和我们比赛，我们败得很惨，21比1输掉。他们确实防守好，人高马大，身强力壮。东德在那时是比较优秀的一支队伍。手球这个项目起源于北欧，后续在欧洲普及开展，各个国家都开展得很好。虽然传入我国较晚，但我们那个时候，也是给予了很大重视，积极开展手球运动。

三、在华东师范大学边学习边打球的经历

"大跃进"开始后，手球慢慢没有声音，也没有什么比赛。像我们这种队，国家负担很重，包括吃、住，花费挺大，所以就下放。当

---

① 1958年，为迎接在上海举行全国13单位手球锦标赛和迎接第一届全运会，市体委决定成立男女手球队，进行全脱产训练，运动员仍然以上海体院学生为主。在13单位手球锦标赛中，男队名列第八，失去报名参加第一届全运会的资格。女队获得冠军，参加了全运会，但在预赛中负于湖北、广东而失去决赛权。
② 1960年7月，上海男子手球队迎战世界亚军罗马尼亚队，以4分之差（8:12）负于对手。

时华东师范大学的校长和体委的领导是老战友,就提出将手球队下放到华东师范大学来,华东师范大学把我们安排在各个系里读书,我们作为学生学习到毕业,这样可以减轻国家负担。① 该给助学金的给助学金,该怎样就怎样,因而一切比较顺利,我也跟着过去了。本来我是不想去的,想工作。后来我哥哥来信说:"你还是要多读书,你读书读得很少。你应该再到师大去读书。"我接受他的建议,迟了两三天再到华东师范大学去学习。

去华东师范大学以后选专业,我文学各个方面不太行,就选了政治教育系。政教系读了3年,也很艰苦,一边读书,一边业余打手球,但觉得日子也不错。上午读书,下午有时候上课,不上课就出来训练。那时11人制改成7人制。在华东师范大学的这段时间里面,我们变化很大。第一年、第二年基本上是读书学习,到第三年,我们就下放农村去搞"四清"②。我印象很深,我是下到安徽的古河镇③胜利生产队去。"四清"时的生活很艰苦,在华东师范大学,伙食有补贴,也吃得不错。在农村一天一斤粮食,我们跟修公路的人在一起吃饭,他们没有菜。没有菜怎么办?我们出一点钱,买一点菜,大家一起吃。当时就这么过日子,相当艰苦。但对我这个从农村来的,基本上能适应。农活的一些事情,我都知道。我耕地在农村也应该是拿手的。他们说:"你怎么对这个活这么熟悉?"我说:"农村出来的,懂的。"

1965年4月,日本男子手球队(世界第十名)突然来访问。那时国家只有两个队——一个是解放军队,一个是安徽队——还是专

---

① 1962年9月,市体委决定将男女手球队下放到华东师范大学,运动员分配在各系读书,保持每周4—5次的业余训练。
② "四清"运动,即社会主义教育运动。1963年至1966年5月在部分农村和少数城市工矿企业、学校等单位开展的一次"清政治、清经济、清组织、清思想"的运动。"四清"在农村中最初是"清账目、清仓库、清财物、清工分",在城市中最初是"五反"即"反贪污盗窃、反投机倒把、反铺张浪费、反分散主义、反官僚主义",后统一为"清政治、清经济、清组织、清思想"。
③ 古河镇,隶属于安徽省滁州市全椒县。

业队，其他都一律解散了。像我们是半专业，怎么办呢？只有两个队好像太少了，于是赶快把我们从农村叫回去，有的在歙县，有的在其他地方。马上集中起来，到南京会合，然后回上海。回上海后，马上坐火车到广州体校集训，广州那里有解放军专业队在长期集训，我们大概集训了一个多月。在集训的过程中，第一场跟解放军队打，输得一塌糊涂，因为没有体力、不熟悉。但教练在各个方面激励我们，当时体委派金永昌当我们的领队，他曾经也是手球队的一员，对我们很熟悉，给我们鼓舞，创造条件。过了一个多月后，再打第二次内部比赛，解放军队就安排二队跟我们打，上半场发现打不过我们，到下半场把一队的全部调上来，最后打成平手。那一次给我们印象很深，体育运动就是要训练，要对路。后来在广西与日本队打了三场球，解放军一场赢了日本，安徽一场输给日本，上海一场赢了日本。

打完以后就到上海来，那时在体育宫临时设置了一个室内手球场，在那里打了两场。第一场是我们跟日本打，我们好像赢了五六个球，打得很振奋人心，大家都很高兴，因为手球比赛在那个时候比较少，但影响很大。安徽队打第二场输了。后来国家体委马上调整，原本是安徽专业队到北京去打第三场，后来改成让我们到北京去。到北京去跟日本打的时候，上半场我们也打得很漂亮。前前后后最多大概赢他们 8 个球。当时华东师范大学的副校长常溪萍[1]也来看了，据说邓小平也来看了，在主席台上面，邓小平表示"友谊第一，比赛第二"，就是要给对手一点面子，手球比赛那时候影响挺大。常溪萍就下来找我们教练，说友谊第一，当时我们还不知道邓小平来了。我们下半场基本上保持比分不要差太多，最后赢了就是。[2]这给我的印象

---

[1] 常溪萍，山东莱阳人。中华人民共和国成立后，历任中共中央山东分局副秘书长兼办公厅主任、华东师范大学常委书记兼副校长、中共上海市委教育卫生工作部部长。
[2] 最后比分为 19∶12。

很深，我们这个业余队办得不错，大家对这个队伍信心比较足。随着我们这些学生到了毕业年限，要分配，女子手球的队员分到全国各地。关于男子手球队，常溪萍当时有一个指示，分在普陀区附近，有比赛随时集中调人，也可以采取半集训的办法。就这样，把上海手球的一些种子保留下来了。所以，我感觉是一些干部，如常溪萍、金永昌等对手球的热爱，使我们持续发展下来了。

黄德国带队进行训练

1965年毕业后，我被分配在华东师范大学，在体育教案组做体育教师，还是学校篮球、排球、足球、田径及各个队的指导员联系人。1972年上海恢复手球队时，何启方[①]在那边招人，但是他人手不够，经常借调我过去，又当运动员，有时候也当教练员。1973年，上海队去广西打全国5单位手球邀请赛，这是7人制的第一次广西比赛，上海女子手球得了第一名，影响很大，男队获第三名。后来到广州去打表演赛，这个时候，他们觉得男队没有人带领，就叫我暂时带男队。在这个过程中，我觉得上海手球正处于逐步恢复的阶段，也是一个亮点、发光点。但是可能你稍微喘一口气，人家北京、天津、安徽这些队很快就上来了。第二年、第三年、第四年，我们上海队老是

---

① 何启方，高级教练。1972年出任上海男女手球队教练，并率队获得当年全国手球邀请赛女子组第一名，男子组第三名；1979年率上海女队获第四届全运会冠军；1985年出任中国女子青年队主教练，带队参加世青赛获第六名；1997年带领上海男队获第八届全运会第三名。曾获上海市"新体育开拓奖"，20世纪90年代录入"中国体育人才大典"。曾任中国手球协会科研医务委员会常委、上海手球协会副秘书长。现任上海市老年人体育协会手球委员会副主任兼秘书长。曾在国内多家体育科研专刊上发表10多篇手球专业论文。

打不过他们，落后于他们。这也有人手不够、教练不够的关系，我一直是在不断的借调中，本职还是在大学里面当体育教师。

四、成为一名女子手球的教练员

到了1978年，大家准备1979年全运会，都很重视备战。在上海市体委的邀请下，我的组织关系调到了体委，担任女子手球队主教练。

当上主教练后，我带队打全运会，获得冠军。得了冠军后，就以上海队为主，由上海队出教练，组织一个国家队，参加1980年在莫斯科举办的第二十二届奥运会。当时派金永昌当领队，带我们到南宁去集训，在上海也集训过一段时间。集训到末期，整个队伍训练得不错，突然来了一个消息，中国退出莫斯科奥运会。这个事情就泡汤了，但国家队人马还保留着，人还是可以调的。有时候出访，就以国家队这个班底为主。

因为不能参加莫斯科奥运会，手球经历了一段平静时期。但上海队应该是一个发光点，1979年、1980年、1981年上海女子手球队连续三年获得全国比赛冠军。1983年最后选拔洛杉矶的第二十三届奥运会队员时，不像以前那样，哪个队得冠军，哪个队出人，要搞竞选。我原本没想法去竞选，结果到竞选前，国家体委小球中心负责人来找我说："老黄，很多队员提出，要你参加竞选。"我说："我行吗？"他说："行，他们说行就算行。""好吧，那就报名参加了。"结果选票基本

1984年，黄德国正在接受新闻采访

上集中在我这里，就由我组队。

我的副教练、助手选择了沈永杰，来了后就一道组队去兰州集训。当时兰州的集训基地条件还不错，他们也有一个队，可以做一些练习。当时选兰州，是因秋冬这个时候，这里的气候比较适合，集训得也不错。最后一个月的集训在秦皇岛训练基地，然后到日本广岛去参加预选赛。助理教练沈永杰起了很大作用，他是名符其实的医生，也搞训练工作，主要训练守门员。再就是做政治思想工作，当时队里面正好4个主力队员都是原安徽队的成员。他是安徽人，可以跟她们说家乡话，而且都是老乡，好做工作，所以省了我很多力气。

后来到韩国去打比赛，当时我在训练上面有自己独特的一套方法，就是动员大家团结一气，政治思想工作应该说做得比较到位。我自己是华东师范大学政教系出来的，在这一方面我也感到应该把思想和技术结合起来。当时全国各地来的一些运动员，本来是不大合得来的，后来较团结，一个队的气氛挺好，所以就凭这个气氛，我们出线了。当时有3个队，中国、日本、韩国打两轮，第一轮我们就赢了3个球，气势压倒他们。韩国很不理解，但是没有办法，他们已经

《人民日报》对黄德国的专访

（资料来源：《人民日报》1983年11月26日，第3版）

输了。第二场比赛，风云突变。问题就在于我们两个队员住在一个房间，起来时，不小心穿上了对方的队服。因为那时候是冬天，外面再套一个运动服做准备活动，大家都没有发现。等到比赛，一脱上去了。我们也没有去检查，也没有看见。比赛进行到2比0时，韩国队马上提出我们冒名顶替，她们直接获胜，球不打了。我们这下傻了，只能去交涉，说应该实事求是。交涉完了以后就跟东京总部联系，等了45分钟，总部反馈比赛重新开始，2比0不算。最后跟韩国谈判，韩国同意后再打。虽然我们气势受到了打击，但是大家有这个基础，最后鼓鼓劲，又起来了。下半场最后10分钟还输8个球，怎么打？我们把这些主力队员一个一个调过来，做思想工作。大家在场上非常团结，就在这10分钟里面，我们硬拼，拼回5个球，最后结束时，输3个球。第一场赢3个，第二场输3个，虽然平了，但是由于我们的净胜球比韩国多，最终出线。当时不单我们高兴，韩国一些华侨也非常高兴，送了我们很多吃的东西。门口的水果一箱一箱的，像一堵墙一样，堆得满满的。我们到东京后，把很多水果也带给男队。

这里面就要谈到我们预赛结束出线后，宝马公司第一个赞助我们。除了提供衣服外，还送我们到德国集训，大约20天，来回机票、吃住费用全部由他们负责。去了以后，第一次安排我们和一个德国的乙级队打，结果她们输得一塌糊涂。就换一个甲级队跟我们打第二场，我们仍然打赢了。后来正式参加奥运会的国家队跟我们打，我们最后还是赢了。这里面有一个适应、了解的过程。因为欧洲人体格强大、魁梧、凶悍。我们通过这几场球，对德国国家队情况有所了解。到奥运会上他们还是这个方法，所以我们在打的过程中找重点，把对方的主力看住，基本上就处于一种势均力敌的状态，最后就赢一个球，对我们来讲，能够赢欧洲的强队，应该说很不

黄德国在第二十三届奥运会留影

容易。

　　奥运会比赛时，我们输给南斯拉夫。南斯拉夫队和欧洲的东德队，都是传统强队，很难打。南斯拉夫当时算是欧洲的第一块牌子。但我们和德国比赛后，知道欧洲球队的一些套路了，她们有一个外围，有重点地配合这些战术，所以我们能够切断她们里外配合的这个路子。最后，虽然输给了南斯拉夫，但是把实力不错的奥地利拿下来了。这两场比赛对我们来讲至关重要。

　　和美国队的比赛是关键的一场，比分决定我们在奥运会的名次，赛场上最后一分钟，我们还赢美国队一个球。但我们总体输给美国三个净胜球，我们想拼回来，希望在进球上能够多一点。结果换上去的一位球员，比较冒进，进攻没打进，反而被人家打一个反击，结果总分打平了，但因为净胜球比她们少一点，所以，奥运会获得第三，最终获得一个铜牌，否则就是第二。这个事情，我也觉得很内疚，如果我保守一些，坚持这一分钟，有可能就拿到银牌了。

1984年，洛杉矶奥运会期间正在比赛的中国女子手球队

1984年8月11日，《人民日报》头版报道中国女子手球队荣获奥运会铜牌
（资料来源：《人民日报》1984年8月11日）

中国手球本身就是一个后来居上的项目。预赛时，国家体委没有一个人想到手球会出线，而且是第一个出线的。奥运会拿了第三名，这在中国手球队史上从来没有过，一直到现在还没有。

五、体育竞技要思想和技术两手抓

在上海队当教练时，我就一贯主张，政治思想跟基础训练要相结合。光有技术，犯错都是致命的，光谈思想也不行。核心队员是技术骨干也是政治核心力量，这是我组队的一个原则。怎么体现呢？平常在训练过程中，大家也都认真训练，有一些主要的工作，需要一个政治核心骨干，我都经常让她们跟我在一起，讲讲话、说说事，还是比较有意思的。有一次在训练过程中，两个队员在下面嘀嘀咕咕聊天，最后吵了起来，我看情况好像不大对，就说："别说了，训练完了以后再说。"训练完以后，从体育场跑到住的地方，要跑四五分钟，我就让她们一道跑回去，不要坐车了。回去忙完后，我就去找其中一位队员，她是队长，也是党员，要发挥党员的带头作用。于是她主动去和对方和解。两个人谈得很好，后面还成为好朋友了。所以，骨干核心力量的作用很大。队里面像这种大大小小的问题，核心队员基本上就帮我解决了。像刘莉萍、武邢江、韩秀芳，她们也比较能够控制情绪，骨干力量就体现得很清楚。

有一段时间，我在上海队时没有派领队，出去比赛会面临买车票，还有对接外面等一大堆事情，我只好组织队员中比较能干的一些人，买车票、联系房间等。我举一个例子，有一次我们到合肥去比赛，比赛进行了一半，突然被暂停了。停了以后买火车票回家，火车票买不到，只好改买汽车票。我找队员去和合肥站卖车票的人沟通，通过沟通后，他们专门给我们开一部车子到浦口。到浦口又去沟

1984年，黄德国带领队员进行训练

通买船票，最后顺利回到上海。所以说，队里面的核心骨干，除了在球场上起作用，在平常工作上，她们也帮了我很多忙。我很多事情都是委托她们、依靠她们。所以在比赛的过程中，应该说她们起了很大作用。

六、编书与所感

我编写过一本书《奥林匹克手球》，其实我根本无意，也没有这个水平和能力。是上海体育学院（现上海体育大学）的院长俞继英主编《奥运会项目大全》，包括篮球、排球、足球、田径在内的奥运丛书，而手球在体院找不到合适编撰的专家。体院有一位叫张震的老师，是一级裁判，他推荐了我，我最初因没有信心能完成这样一本书，就推掉了。我爱人是在华东师范大学搞艺术体操的，他们通过这条路子，说服我爱人，叫我爱人做我的工作。俞继英也答应帮忙，这本书不是那么简单好写的，要参考很多资料、著作。应该说，我也是受教者，也是很好的一次体验。我在那边查资料，编辑成文字，最后成稿。他们有一个组专门来负责，所以也不能说全是我写的，可以说借了我这个名字，我自己也参与了。

这本书当时在手球界影响很大，是大家共同努力编成的，这里面有些内容是我自己的体会。比如说，我刚才提及过，运动队不能单去搞什么技

黄德国编写：《奥林匹克手球》，人民体育出版社 2005 年版

术，单去搞政治思想也不行。政治思想跟技术要结合起来，要有一个团队。这个核心团队能起到政治思想上的骨干和谐作用，技术上能起到场上指挥、稳定局面的作用。所以这个问题在我自己写的这些文章中，都是我真心的体会。文章都不长，但是我不会去抄人家的，我是把我自己训练当中最深的体会写出来。

有一次，我写了一篇文章，被市体委训练处的领导吉嘉看到了。他说："你这个谈政治嘛。"我说："不完全是政治，有技术什么的。"后来我在南宁比赛，他打电话给我说："广州要开一个手球界政治指导员的思想工作会议，你去参加吧。"我说："我行吗？我是教练员。"他说："我看了你的文章，你行，你去。"去了后，我谈什么？他们谈政治思想，我说政治思想跟技术皆有。我就把我怎么治队，对训练的过程当中怎么看运动员、指导运动员等讲了一下，也受到了好评。

另外，每天运动员训练时，我都有记录。训练跑量多少、时间多

黄德国与采访团队

少，每个星期都有一个小结，每个月都有一个总结。当时有发队员奖金，一开始3块钱的奖金就不得了了。后来发到300块，我都是采用这样一种办法，对队员一视同仁。全员拿3块，或者拿300块。当然写计划这件事很艰苦，每天训练完后，要花一个多小时，除制订计划外，还要统计她们训练的情况。队里面有时出现一些大的问题，我这里能够比较平和地解决。

采访者：李东鹏、李磊

整理者：施依娜、李东鹏

扫码观看视频

张其正 沈惠章

光影里的腾飞

采访时间：2022年3月1日
采访地点：上海体育博物馆
访谈对象：张其正、沈惠章

张其正　沈惠章：光影里的腾飞　093

张其正　　　　　　沈惠章

> 张其正，出生于1932年。曾任《上海体育导报》的摄影记者、主任记者。上海最早的体育摄影记者之一。拍摄了上海举办的两届全运会、第十一届亚洲运动会、早期上海举办的国际性赛事和姚明在上海大鲨鱼队时的珍贵照片。
>
> 沈惠章，出生于1935年，于2023年逝世。曾任《上海体育导报》副社长。上海最早的体育摄影记者之一。拍摄了上海举办的两届全运会、第十一届亚洲运动会以及早期上海举办的国际性赛事，拍摄的朱建华的作品《腾飞》获全国体育摄影最佳奖。

整理者按

一、走上体育摄影路

张其正：我从1956年开始从事体育摄影工作，主要负责上海"体育画廊"的工作。1952年的年底，我由团市委分配到市教育局体育处，当时上海市体委还没有成立①，市教育局体育处负责领导上海的体育工作。当时的处长叫李凯亭②，是陈毅的部下。我被分配在卢

---

① 1949年10月13日，上海成立市体育会筹备会，并在新民主主义青年团市工委、市总工会、市教育局设立了管理体育的部门。1954年2月，上海市体育运动委员会建立。资料来源：《上海体育志》，第5页。
② 李凯亭（1923—2013），男，原名李甲善，山东省平邑县人。原中共中央顾问委员会委员副秘书长。1949年5月到上海，任军事接管委员会接管专员、交际科科长、上海市教卫委员、市教育局社会教育处处长、市体委秘书长、副主任、党组书记。

1950年纪录片《人民的上海》中体育大厦（原西侨青年会大楼）一带风貌

湾体育馆工作，也就是现在的陕西南路141号。当时叫上海市体育馆，是解放前留下来的唯一的一座体育馆，前身是回力球场。我主要负责搞宣传工作，因为我学过一点美术，能够写写美术字，比如卢湾体育馆的招牌等，都是由我来设计的。

1953年，在上海市市长陈毅的关怀下，在原西侨青年会大楼（今体育大厦）内筹建上海市体育俱乐部，市里把这幢楼分给我们。当时这里叫"体育俱乐部"，但是这块牌子没有挂过。同年，我就到体育俱乐部工作。1954年，原在大楼内办公的全国总工会华东办事处等单位迁出。1957年12月28日，上海市体育俱乐部正式对外开放。①

我从1956年开始学摄影，跟着单位里的杨学彦一起跑，也不是

---

① 《上海体育志》，第575页。

正式学习摄影。杨学彦是山东人，也是一名运动员。他受伤后就分到体委来搞摄影，是这里第一个摄影师。他去采访时，我就跟着他一起去，逐步开始走上摄影之路。

从1957年开始，我真正拿到照相机拍照。第一次是去拍体育活动"舢舨远航"①，当时舢舨属于国防体育的一种。1957年七八月份，上海组织了由工人、学生组成的舢舨运动员团队，从上海黄浦江出发，一直划到无锡。这次我算正式地拿着照相机，跟着他们一起上了船，从上海到无锡一路拍照。我和《解放日报》的记者毕品富、一位公安上海总队②的摄影记者三个人一起拍照。北京《体育报》的记者从北京直接到无锡拍这项活动。这是我第一次，也是我印象比较深的一次体育活动。

沈惠章：我于1955年1月份参加工作，在沪西体育场上班，属于国防体育协会的一员。当年5月份，被派到中央青岛航海俱乐部学习航海技术。回来后在上海航海俱乐部做航海教练，我是航海组组长，主要是教一些国防体育知识。1957年，我调到体委，在国防体育协会（筹备）组织宣传部工作。

我本来不会摄影，到宣传部后才开始学习，我当时从国防体育协会调来一部罗莱相机和一部莱卡相机后开始自学。可以说我是自学成才。首先有印象的是拍"横渡黄浦江"活动。上海年年组织这个活动，持续好多年，这也让我对体育摄影有了更深的认识。我也参加过"舢舨远航"，我那时不负责摄影，我负责开汽艇把记者带到沪西。我的第一个作品是一张号召大家参加国防体育运动的照片，当时我拿到

---

① 1957年，国家体委发起一次远航活动，以纪念中国人民解放军建军30周年，上海、南京、杭州三市分别组织航海多项队于八一节会师太湖。上海由市航海俱乐部与划船俱乐部组队，由汽艇、登陆艇带领5条舢舨（3男2女）于7月25日离沪，经一周航行，到达无锡。在比赛中，上海夺得女子手旗通讯、男子2500米荡桨两项第一。《上海体育志》，第289页。

② 1955年，中国人民解放军上海市公安总队改称为"中国人民解放军公安军上海市总队"；到1982年8月，改编为"中国人民武装警察部队上海市总队"。

了50块的稿费。拿到稿费时我惊呆了，因为当时50块是我一个月的工资了，是我们部长亲自给我的。这张照片是在人民体育出版社出版的。

二、进入上海市体育运动委员会宣传组

沈惠章：1959年以后，国防体育协会归并到市体委的国防体育处。很多人都合拢在一起，有的留下，有的走了。我在这时就进入到市体委，正式拿体委的工作证。那时候也不叫摄影组，正式叫作"体委宣传组"，开始只有我和张其正两个人搞摄影，随着后面的发展，人逐渐变多。因为体委的职能限制，体育摄影这类具体的部门无法归其名下，因此我们部门名义上受体育俱乐部领导，但我们做的都是体委安排的事情。体育俱乐部主要是负责上海体育的一些后勤管理工作。因此我们算是俱乐部的人，办公室在体育大厦的四楼。

1979年，我们的一个兄弟处室把洪南丽从体操队调来帮助他们完成市运会的一些工作。洪南丽同志工作非常卖力，也是想留下来的。加之洪南丽是共产党员，他们也想留一个党员在这里。我就跟俱乐部的殷福林科长商量，他也同意。洪南丽进来后，我们部门有5个人了。

我比较活络，找我拍照片的人很多，而且我拍照片也比其他人多。去农村拍照的任务一直是我去，最远到崇明。《光明日报》记者一天到晚叫我陪他去采访，非常辛苦，当时没有现在的条件。到了当地的工厂，工厂找大队、生产队，许多地方太偏没有路进不去，也没有招待所。而且要拍夜里在月光下打篮球。我们只好在大棚里面待一晚上。还有拍农民在田埂里挑菜比赛。

张其正：当时还有一个很重要的任务是接待外宾。上海的体育活动相当丰富，我印象很深刻的是，从1952年开始，波兰篮球队第一

个到上海来访问，接下来是苏联篮球队。波兰队是在上海体育馆比赛的，场地比较小。苏联篮球队来的时候，虹口体育场刚刚造好，为了扩大影响，就在体育场里面搭了一个篮球场，在足球场里面打篮球比赛，影响是相当大的。这时我们都还没有搞摄影，我参加了一些接待工作。

1961年在北京举办的世界乒乓球锦标赛结束后，各国家的队伍陆陆续续到上海访问，包括美国乒乓球队、英国乒乓球队、罗马尼亚乒乓球队等。

从20世纪70年代后期开始，有接待外事任务了。那个时候，我需要夜里去参加外事接待工作，就给外宾拍照。每次来，总归要到上海大厦的屋顶上面去拍一张合影。比赛前，要跟上海运动员合影，这张照片都要送给合影中的每一位运动员。

接待任务相当重要。因为夜里要去暗房冲洗，第二天就要送给外宾，连续搞了几个通宵。有次夜里想去外面买一点点心吃，结果太累了，我从4楼楼梯上摔下去，锁骨骨折。当时自己还糊里糊涂呢，那个时候也是付出了蛮大的代价。

沈惠章：当时外事活动特别多，外宾来访后要拍好照片送给他们。白天拍好，晚上就要帮人家做好，明早他们拿了就离开了，一年里差不多有半年做这个事情。

三、恢复"体育画廊"上了《新民晚报》头版

张其正：1953年，我到体育俱乐部报到；1955年开始就筹备"体育画廊"。①当时体委在体育大厦8楼办公，有一个宣传组的机构。人民公园刚刚建成后，南京路这一带都是竹篱笆，对南京路的风貌有影

---

① 体育画廊设于大光明电影院斜对面，人民公园的围墙外面。约长30米，高1.5米，始建于1956年。1983年改建成铝合金橱窗式结构，几十年来一直是上海一块形象化综合性的宣传阵地。《上海体育志》，第544—545页。

位于南京西路的"体育画廊"

响。南京路要改造，所以市委宣传部准备把竹篱笆围栏这里作为宣传项目。当时体委有位同志在会议上提出，是不是市体委和市总工会一起把这一圈地方收下来，做一个宣传点。于是体委就把大光明电影院对面这一段外墙要下来作为"体育画廊"。

为什么叫画廊？当时位于黄陂路的中苏友好协会在黄陂路上装了几个橱窗，宣传苏联的一些成就，就叫作画廊。我们受这个启发，觉得上海也可以来做一个"体育画廊"。因此，就在这个地方开始建造了。

1956年后，"体育画廊"准备开始展出，因此把我从体育俱乐部调到体育大厦的8楼参加"体育画廊"的筹备工作。因为我能够写说明文字，能做一些布置工作，我主要负责这些事情。但当时不是做摄影工作，此前提到有一位运动员杨学彦被分配到体委，已经在跟着《新民晚报》体育部的摄影记者学习摄影了。那时候要建一个暗房，暗房里面有设备进行冲洗、放大，我就参加了一点这方面的工作。

从1956年我去参加"体育画廊"的布置工作，一直到我退休，"体育画廊"都还在。"体育画廊"建设好后，市总工会让我们在文化宫搞"光荣廊",人民公园从西藏路一直到市体委门口的这一段,作为工人文化宫的一部分,宣传劳动模范。再过一段时间,上海市科协在西藏路这边,一直到人民广场这一段造了"科技画廊"。所以,在人民公园周围有三个画廊,为南京路增添了很多色彩。

"体育画廊"建成后,我们拍的照片主要就是为了画廊用。我们这里的几位摄影队员给报社供稿数量不多,因为上海的《解放日报》《文汇报》《新民晚报》等,都有自己的专职体育摄影记者,比如《解放日报》的毕品富,他是专门负责体育版的记者。再加上那个时候的体育宣传图片是极少的,分配的版面也少,主要是一些新闻通讯报道。

我们宣传组是群体处下面的一个小组,主要是向各个新闻单位发布一些体育赛事信息、介绍一些情况。因此,体育记者经常到我们宣传组来采访,大家坐在一起聊聊天,分享获得的信息后,他们就可以根据信息出去采访了。当时,文字记者比较多。我们小组的摄影主要是应对"体育画廊"的版面。自己拍好后,将照片放大,送到对面画廊去。关于第一期的图片,还派人到北京去问新华社、国家体委要了一些新闻图片拿来布置,我们那时还不太会制作。

沈惠章:我们摄影在全国影响是相当大的,这不是我们自己称赞自己。当时在全国,除了上海,都没有这么强的摄影力量。

北京每年举办大型运动会,都把我们借去。借到北京的好处是画廊的版面照片可以全部拿到手。因为单靠我一个人或两个人去摄影,拿不到这么多项目的照片。北京这边每年出赛事画册,我们为他们的画册供稿,但有一个要求就是这些照片放好带回来用在"体育画廊"里展览。第六届全运会把我们全部借到广东去,1990年北京亚运会也把我们借去了。

那时候的"体育画廊"是比较完整的、丰富的,一整套的东西都有。我到北京去专门拍奥运会有成绩的运动员，拿回来一大批照片。"体育画廊"搞得非常好，后来全部换成不锈钢玻璃的橱窗了。

张其正："体育画廊"影响确实很大，国家体委对上海市体委的宣传工作比较满意。国家体委也向其他省市推广我们的"体育画廊"。北京、浙江、四川先后上马了这种体育宣传画廊。包括我们下面的几个区体委，比如闸北区体委、卢湾区体委，都搞出一个小型的"体育画廊"来，宣传各自区里的体育活动。"体育画廊"到"文化大革命"的时候断掉了。

沈惠章："文化大革命"结束后，很快就恢复了我们的"体育画廊"。《新民晚报》的记者来找我说，他们头版头条就是"体育画廊"恢复了。我拍摄了很多大型运动会，比如世界大学生运动会、中学生运动会、全运会、农运会、残疾人运动会等。我们的目的就是去了后可以把拍摄的照片放在画廊。我还通过人脉关系把世界杯足球赛的照片拿来在"体育画廊"展出，确实大受欢迎。我们自己这个时候肯动

《光明在前》（张其正摄）

《胜利开幕》（2005年5月，第五届残运会在上海开幕，张其正摄）

脑筋，因为世界杯时间有时差，我们每天上午8点半上班以后就把比赛结果展览出来，路过的人中有关心足球的就都跑来看了。我认为"体育画廊"搞得确实是不错的，在体委得过奖，我本人还得过个人先进奖，体委发了奖章给我。画廊一般是两个月一期，一年最高出过七期。每次大约一百多张照片，工作量也不小。

张其正：因为那时新闻报道还是少的，一般听到广播或者看到报纸，都要到中午了。我们画廊出来早，路过上班的人都会跑过来看。比赛的赛程，一看就晓得了。包括女排世界杯的赛程，从小组赛一直到后面决赛，全部都在画廊里面展出。北京来的摄影组、画册组，在上海都是沈惠章去安排、组织。

改革开放初期，英国的BBC电视台到上海采访，跑到南京路看到我们的"体育画廊"。他们的记者就在"体育画廊"拍了一段，正好我看到了，我就把他们正在拍摄的工作场景给拍照下来，留作我们的资料，这也从侧面证明了我们"体育画廊"给人的印象蛮好的。

四、光影里的上海体育

张其正：回顾上海的体育活动，包括我们的"体育画廊"，确实与我们国家对体育运动的重视分不开。特别是毛泽东同志"发展体育运动，增强人民体质"的题词发出后，影响了很多人。当时主要发展群众体育，因为国家体委在学校里面推行广播操，群众性的体育运动开展得相当好，堪称蓬勃发展。上海别出心裁，专门编排一套纺织工人操，在纺织厂里推广。我们也去拍了工人操。所以说，我们的"体育画廊"能得到发展，与当时的大环境是分不开的，也反映了我们国家体育运动发展的历程。我们这几个人，不过就是在这个浪潮里的小浪花。正好机遇来了，我们出现在摄影这个舞台上。也不是我要想去拍照片，或者我想去学摄影。我们几个人都不是摄影出身的，都是自己拿了照相机，不断摸索出来的。

从上海的体育运动的发展来讲，在当时受到全国的重视。比如国家篮球队里面有很多上海人。此外，方纫秋、徐根宝等老一批的国家足球运动员，很多是上海的。1961年第二十六届世界乒乓比赛，中国乒乓球队里面的好多运动员都是上海的，如徐寅生、李富荣、张燮林，还有林慧卿、郑敏之，国家队的教练傅其芳也是上海派去的。上海的体育运动

《母女情深》(杨文意与其母亲，张其正摄)

电影《大李小李和老李》剧照

在全国处在一个比较领先的地位。在这样的情况下，我们的上海体育摄影才能够受到重视并得以发展。

我再讲一下《大李小李和老李》①这部电影的故事。当时为了大力宣传体育先进单位，谢晋导演提出拍一部体育题材的电影，因为谢晋拍过的《女篮五号》影响很好，他一直对体育运动相当感兴趣。当时文化部有指示，就是希望在"三年困难时期"的恢复期，老百姓生活比较枯燥时，电影里面能够有一点喜剧性的元素，让大家轻松一下，谢晋就接受了这个任务。他和上海市体委的领导商定准备拍一点群众体育题材的电影，就以上海某肉类加工厂为"体育锻炼先进单位"作为故事题材，编了剧本后也顺利通过了。

筹建摄制组时，体委的领导推荐我去参加他们的摄制组。主要的任务就是为摄制组服务，比如需要到体委的场地，联系或组织运动员等，就由我出面代表摄制组去安排。所以在这部电影里，很多部分

---

① 《大李小李和老李》是天马电影制片厂摄制的体育题材喜剧片，由谢晋执导，刘侠声、范哈哈、姚德冰等主演，于1962年上映。该片讲述了肉类加工厂的大李和小李想方设法带动工人参加运动，却得不到车间主任老李的理解，经过一番折腾后，老李终于改变想法，积极参加锻炼的故事。

在体育大厦里拍的，很多镜头是在大厅里面组织的。电影需要一位练拳的老武师，王子平应邀出演，就是我去邀请的。有一个镜头，老李不愿意参加体育活动，他讲，他年纪大了。王子平老师问他："你几岁？""我48。"反过来他讲："老师，你几岁？""我84。"好像两个人年龄就是对应了。女演员是蒋天流。老李、大李都是演滑稽戏的，老李是范哈哈，大李是刘侠声，文彬彬是理发师，厂医是俞祥明。他们四个是一个滑稽剧团的。

谢晋导演拍到一半时，就觉得这个电影拍得不理想。他曾经跟我讲失败了，不满意。所以他心心念念重新拍一部女足电影，因为女篮已经拍过了。想以孙雯为背景作为一个体育题材，但因为谢晋生病去世未能进行。他们外景是在湖州拍的，我一直跟他们到湖州，并且跟湖州市体委联系，请他们组织群众演员等。这部片子在全国发行的时候，全部改成普通话。因为这里面都是上海的一些内容，用普通话来表演就完全不一样了。一直到前两年再把它重新翻成沪语版，我再看一遍后，觉得沪语版跟普通话版完全是不一样，不能够相提并论的。

沈惠章：我们那时对群众体育是非常重视的，每个地方发展群众体育的程度不同，各有特色，是否能够采用这个地方作为报道对象都需要我们自己摸索。有时候给了这个地方的基础材料，到了才发现这个地方的报道价值不高，只能把它否定掉了。通过我们自己去调研，进行前期材料研究和后期实地探查，才能保障宣传先进典型，保质保量完成任务。

比如，我拍的大境中学，将"螺蛳壳里做道场"的形容发挥到极致。学校里一点点小地方，没有地方跑步，就环城跑。通过组织小的体育比赛锻炼身体，这都是他们自己摸索出来的，代表了一种典型。比如，我拍朱建华的照片，我去他家，他睡在阁楼上，因为他个子高，脚没地方放，要伸到外面来。我对他家里非常熟悉，我跟朱建华的关系也是非常好的。但是除了接待任务外，我们拍照片从来不送人的，不是说我拍你照片，我就给你一张。所以，朱建华是没有我拍的照片的。

当时足球学校很多，《新民晚报》每年组织中学生足球比赛。我们骑着脚踏车或者三轮车前往比赛场地去拍摄。我们后来买两百倍变焦的长焦镜头，花了两万块人民币，打报告给市财政局特批的。这个镜头在上海算比较好的设备，《新民晚报》有一个，我们买了一个。

好的照片需要有好的设备，否则不好拍。在设备不好的条件下，组织工作非常重要，比如，今天领导来接见运动员，那么过去电视台没有好的胶卷拍摄，就要打灯光。中央新闻纪录电影制片厂、上海电影制片厂、电视台都用灯的。但是一打灯光拍照片冲光怎么办呢？于是我就给他们安排位置。一边是电视台，一边是记者，大家同步。国际比赛前面先要拍一张团体照，在足球场里光不够，我找体育俱乐部买加强灯。在后一阶段，我大部分的工作都是组织工作。

每次搞大型运动会，我就专门负责组织，比如新闻中心里可以冲胶卷，可以发传真，可以打长途电话。当时打长途电话不像现在这么方便。我们后来到万体馆举办大型比赛，我专门联系电信局，给万体馆接两根线。

我们后面专门组织冲胶卷，把暗房搬过去。我们为他们提供有偿服务，比如冲胶卷虽然需要付3块钱，但是可以拿去马上就给他们冲洗，一刻钟时间都不需要等待。我们另外再组织电报局，把他们的工作人员请到我们单位来，作为我们大会的工作人员，发电报也方便了。

同时，作为摄影师拍摄也要多动脑筋。第五届全运会开幕式前要进行火炬接力传递，是原先三五九旅的王震将军（时任国务院副总理）来点主火炬的。我就动脑筋多带一个小板凳，站在上面拍，那么

1983年，第五届全国运动会在上海举行

高度比人家高，给我拍下来了一张构图不错的。实际上，上海所有的报纸都用了我这张照片，新华社用的照片也是我拍的这张。

五、聚焦腾飞

张其正：我印象最深刻的作品是三位打破世界纪录的运动员。第一个是陈镜开[①]打破世界纪录，是在卢湾体育馆。我记得是苏联举重队访问上海，于6月7日在上海举行"中苏举重友谊赛"。体委摄影组刚买了一盏进口的大闪光灯，非常重，我第一次背过去用。当时也不晓得什么叫"世界纪录"，很多记者都围在那里。陈镜开挺举举起来后，实际上他一只脚还没有收拢。那时大家待在下面都紧张得不得了，一看他举起来了，旁边有个记者闪光灯一亮，好了，所有的记者全部都亮起来了，都在这时候把他拍下来了。结果拍好后，他另一只

[①] 陈镜开（1935—2010），广东省东莞市人，中国著名举重运动员。1956年6月7日，陈镜开以133公斤的成绩打破最轻量级挺举世界纪录，创造了中国体育第一个世界纪录。

脚并起来，算正式成功打破世界纪录了。但这张拍好的照片中两条腿是分开的。听裁判讲，这个照片不能够算的，否则登出来会被人家笑话。所以后来都用了一张他献花、跟苏联运动员拥抱的照片来弥补。这是我第一次拍到运动员打破世界纪录，当时紧张的心情溢于言表。

第二个是朱建华打破世界纪录。当时是在第五届全运会上，沈惠章负责足球，我分在田径，我拍到了朱建华正好在过杆的一个动作，这是第二次拍到破世界纪录。

第三次拍到打破纪录是杨文意在50米自由泳比赛上。1988年4月11日，杨文意于1988年在广州举办的第三届亚洲游泳锦标赛上以24秒98的成绩，打破了50米自由泳的世界纪录，创造了中国女子游泳队首个世界纪录。

这三次我都参加了，印象比较深，在竞技体育方面，我主要拍的这几张，也是自己正好有机遇拍下来的。

沈惠章：关于打破世界纪录，上海强调"一高一快一大"，姚明高度高，刘翔速度快，王励勤力气大。其实我觉得最高应该是朱建华。两米三八的跳高世界纪录是在虹口打破的。1984年6月10日，朱建华在联邦德国跳出了两米三九，创造了新的世界纪录，外国人也服了。因为他们原先觉得两米三八有水分，是创造了最好的条件让朱建华去跳。后面在国外创造了新的世界纪录，他们就没话讲了。

张其正：当时在上海打破世界纪录是在第五届全运会的正式比赛中。实际上在1983年6月11日北京预选赛的时候，朱建华已经跳出两米三七的成绩，并打破了世界纪录。因此，讲到朱建华破世界纪录，一共是三次。北京预选赛时，我们都没有去。到了第五届全运会正式比赛时，大家都觉得朱建华这次可能还要再打破世界纪录，因此大家都比较重视，老早就去围坐在沙坑边上等着。这一次比较重视，并顺利把他打破世界纪录的瞬间拍下来了。

沈惠章：我当时在组织、服务这批记者，没有上去拍。张其正拍好打破世界纪录的照片后，我就想怎么反映朱建华跳高的高度。当时拍摄大都是横向、纵向的，我想，拍张斜向可以吗？那么我就钻研这件事，那次是在1984年的华东地区跳高比赛的场地上，我发现一边看台上面没有人，拍出来空空荡荡很难看，我就转斜向，后面背景就虚化掉了，只要朱建华本人清楚。我就这样子拍了。我就用这张照片《腾飞》获得了全国体育摄影最佳奖和1985年全国体育摄影展一等奖，我对这张照片印象比较深。我后面得奖很多，也记不太清了。凭借作品《腾飞》，上面给我发了一台黑白21英寸电视机。当时电视机要凭票购买，所以能获得一台电视机，也还是蛮不错的。得奖后，上海很多报纸都用这张作品。我陪朱建华看了这张照片，他当然很满意的，非常开心。

张其正：姚明刚进上海队时，我就开始拍他，但开始的具体日期我讲不大清楚，姚明的妈妈方凤娣[1]、父亲姚志源[2]都出自上海篮球队，两人都是大高个子。他妈妈打篮球的时候，我就已经开始拍了。他妈妈接待的第一个外事活动是南斯拉夫篮球队到上海访问，比赛场地在江湾体育场，这时方凤娣就是高中锋。这时候我已经跟他爸爸、妈妈都熟悉

《腾飞》（沈惠章摄）

---

[1] 方凤娣，1949年3月21日生于上海，原中国女子篮球队运动员，场上司职中锋。
[2] 姚志源，1952年生于江苏省苏州市，篮球运动员，司职中锋，1970—1979年效力于上海男子篮球队。

了。方凤娣退役后，分配到体科所。我那时到体科所去做过一些资料调研工作，也跟他们在一起聊天。她就讲，不打算让她的孩子再参加体育，不给他打篮球。我就讲："你儿子很好的，个子老高的，要让他打打。"后来姚明从少体校开始成长，被吸收到上海队，打高中锋，而且人也越来越高，我就觉得他是打篮球的料。

姚明刚开始打比赛的时候，八一队的高中锋王治郅也是两米以上，王治郅年龄比他大。当时上海队跟八一队比赛是篮球联赛中最重要的比赛。所以在那时，我就重点盯着他们两个人，我就一直想怎样把这两个高中锋拍在一起，也动过很多脑筋。那时还没有现在这么好的设备，就一个小的照相机，我就等在他们两个高中锋在中间跳发球的时候，爬到卢湾体育馆里的灯架上往下拍。那么两个人正好是两只手争一个球，两个面孔都抬起望那儿。我就用这个办法把这两位高中锋拍下来，虽然也没有得什么奖，不过我自己觉得这个创意还是不错的。

虽然这样拍摄很危险，当时为了拍体育的照片确实付出了很多，包括前面讲到的那时候每年7月16日组织的群众性的横渡黄浦江活动。后来改在从崇明新河镇游到宝山。我们每一年都组织一些上海的体育记者去拍横渡，有一艘军舰和一艘小登陆艇，记者就待在这个登陆艇上面，也是有一些危险的。记者队伍就从崇明一直开过来，跟着横渡的队伍。我印象比较深的一次是从崇明这边开过来，当时电视台的记者拿了一台摄像机，也爬到上面的指挥台，在上面风吹浪动，他自己人吃不消了，一台机器就在指挥台的边上歪下来了，我看到后赶紧把他的机器拉起来。我们记者都认为待在越高的地方越好，船一直在摇，越高的地方晃动得越厉害。我也是要爬到上面，幸好自己没有晕船的感觉，对这个我倒是适应的。还有一次，我为了要拍卢湾体育馆，爬到卢湾体育馆对面的一个电线杆上去拍照，这次是蛮危险的。

为了拍江湾体育场,我就爬到他们灯架上面,拍一个体育场的场景。那时候又没有无人机,都是自己想办法爬上爬下的去拍照,条件是艰苦的。

六、尽量能创作一些新东西

张其正：从我个人来讲,1956年开始最初就是去搞搞布置、写写字等工作。拿了照相机以后,能够拍点东西,我觉得就是在这样一个大的时代背景下,才能够有我现在这点成绩。拿奖也好,不拿奖也好,在当时来讲没有什么特别。回过头来讲,我得到了不少荣誉,比如,我当时参加上海摄影家协会,曾经担任过第二届、第三届的上海摄影家协会的理事工作,也评上过一次全国体育十佳摄影师,是在党的培养下才能够有这个成绩的。我之前拍过一张获奖的照片,叫《银针入海》,是我在跳水池拍当时的全国跳水锦标赛上的李艺花,她从跳台上跳下来,我就用照相机跟着她拍,采用纵向追随的技术,整个背景全部都虚化了。当时上海组织了一个体育摄影比赛,这张照片得了个一等奖。在1982年的上海市艺术摄影展览会里面拿到了一块铜牌。这张大概就是我在拍照当中比较重要的一张作品。

《银针入海》（张其正摄）

实际上,许多体育题材作

品都需要用特别的手段来反映，而不是单纯地在比赛当中把它拍下来就可以了，总归要尽量琢磨，能够搞出一些比较新的花式来，也就是我们自己尽量能够创作一些新的东西。

沈惠章：2002年，在体育大厦的暗房办公室敲掉了。我们摄影组在二楼的办公室也改造了。一些资料本来要扔掉的，我看着蛮好的，就全部带到家里去了。当时这些资料，上海档案馆、上海图书馆都提出来"希望我们能够捐给他们"。后来

张其正、沈惠章捐赠给上海体育博物馆的体育照片资料

沈惠章（左）、张其正（右）与采访团队

我们考虑来考虑去，没有给他们。退休后我们回来再重新进行整理，全部都交给了上海体育博物馆。我们觉得这一套资料将来可以作为上海的一种历史的记录，是很有意义的。如果捐给档案馆或者图书馆，将来还要去问人家借。所以，我们觉得采取这个措施是相当明智的，当时也不再考虑这种名利，能够留下来这点资料，今后可以在这里面翻出来一点东西，能派上用场就相当好了。像现在采访，我开头觉得我们年龄这么大了，不要讲了，也没有啥好讲的。但后来仔细想想，能够把我们以前想到的、看到的、听到的东西留一点在，我觉得也是一件蛮有意义的事情。所以我俩也克服了一些困难来接受采访，觉得你们能把我们的经历用影像和口述的方式记录下来，就是很好的事情。

口述采访者：袁念琪、李东鹏、李磊

本文整理者：袁念琪、李东鹏

扫码观看视频

陈士麟
我的水上生涯

采访时间：2022年6月27日上午
采访地点：长宁区剑河路寓所
口述者：陈士麟

SPORT
Sport
Win!
be strong
#1
run
I
SPORT
Sport

陈士麟

> **整理者按**
>
> 陈士麟，男，1935年出生，中华人民共和国成立后首批赛艇运动员，曾任上海赛艇队教练员、上海市水上运动场副场长。毕业于上海海洋大学1959届海洋渔捞科，先后荣获1957年七城市划船锦标赛男子八人赛艇冠军、1958年七城市划船锦标赛男子双人单桨有舵手冠军、1959年全国第一届运动会男子双人单桨有舵手冠军等。后任上海赛艇队、国家男子赛艇队主教练，在48年的教练生涯中，他培养出多名全国冠军和亚洲冠军，在国内最高形式比赛中获得单项金牌60多枚。

我在初中毕业后，考入上海水产学院（现上海海洋大学）附属中专技校。读了3年毕业后，报考上海水产学院。本来我想报考外国语学院，但碰到个老师，他说："你报考那里干什么，海洋多好。"于是在他的建议下，我选择了水产学院，毕业后就留校做机械教研组助教。1959年第一届全运会结束后，我的关系转到上海体工队[①]。当时校长找我谈话，他说："小陈，市体委要你去，你去不去？"当时我想，要服从组织分配。于是，1959年12月，我的关系转过去了。留

---

① 体育工作队，简称"体工队"，以竞技体育为目标的专业组织，训练目的是比赛拿成绩。地方体工队就是省市队。

校时，学校对我很关心，给我37斤粮票，学校一般给一个人30斤，我却有37斤，所以对我而言，这是很大的支持。

一、从大学开始划船运动

我从大二开始参加划船运动，当时市里训练班面向各个大学招生，有同济、复旦、第一医学院，还有水产学院。我们就去看看、学习一下。一看，这种船（赛艇）好像从来没有见到过，尖尖的、长长的，我很感兴趣，就报名了。一礼拜有3次学习、训练，外白渡桥底下有个码头，就在那边训练。我骑自行车过去，训练完再骑回来，到学校里吃晚饭。那个时候还没有高校队，就是大家一起训练，组成集训队。1957年，在武汉举办了全国七城市[①]的锦标赛，我参加八人艇项目，并获得冠军。当时感觉很兴奋，因为从来没有拿过冠军。我拿了冠军后，学校也很重视。1958年，又经过选拔，参加了那年的全国锦标赛。锦标赛结束后，就开始组织参加第一届全运会的队伍。1958年，我开始练双人单桨有舵手艇，我跟吴怀艺两个人，他是上海交大的学生。我们两个人身高差不多，身体素质也差不多，就把我们两个人组织起来，一起搭档。没想到1958年，我们就拿冠军，创造成绩了。当时还被评为全国青年社会主义建设积极分子，团中央给我们送了大锦旗。这一次，我们对划船训练有了进一步的认

青年时的陈士麟

[①] 1957年8月，在划船俱乐部江面举办第一届全市划船锦标赛，有256人参赛，经比赛，选拔组成市代表队，参加11月在武汉举行的七城市划船锦标赛。在七城市比赛中，上海队囊括除女子四人艇外全部7个项目的冠军。

1957年，陈士麟（前排左二）和队友获七城市划船锦标赛男子八人赛艇冠军

1958年，陈士麟获七城市划船锦标赛男子双人单桨舵手冠军

1959年，陈士麟（左一）、廖崇先、吴怀益在第一届全运会上获得男子双人单桨有舵手冠军

识。当划船俱乐部成立时，我没想到今后会终身从事划船工作，那时候太早了，还没有认识到，是后来参加比赛后，逐步加深对赛艇运动的认识。我们还参加了迎接罗马尼亚队到中国来访问的比赛[①]。在参加第一届全运会得到冠军后，我基本上就明确要从事这项工作了。

那时候有一种思想，在大学里做助教可以分房子，生活稳定。但是我喜欢划船，就服从组织分配。后来来到市体委，从事相关工作，对这个项目的认识逐渐加深。一是有了成绩，二是学习国外一些经验，加深对划船的认识。我们那时候，可以说什么都不懂。虽然获得冠军，但关于划船方面的知识很贫乏。除了会划外，别的不甚了解。

那时，我们下去跟着教练划桨，他们怎么做，我们跟着怎么做。技巧是有的，但他们也说不出什么原理。为什么？因为他们也没有人教。只有帮英国人管理船库的管理员教他们，他们就照样子划。

陈士麟入选上海市划船队后进行训练的场景

[①] 1959年11月，罗马尼亚队访沪，与上海等地的选手在划船俱乐部江面上进行友谊赛。

我们比赛也有战术安排。因为我们在自学后，认识到划船本身是个周期性运动，跟跑步一样，在2000米里反复做一个动作，出发以后就这样划。应该说技术性很强，但我们那时候不懂。1958年，国家体委举办一个全国教练培训班，邀请一位波兰单人艇冠军作为专家来到我们这里讲课，时间大概3个月。他讲的主要是最基础的学习和练习，真正对划船有完整的了解，还是在1959年，我拿到一本俄语版书——《赛艇》后。我一看这本书很好，很有价值。书中借助高等数学微积分来分析划桨力学的基础动作，内容非常深刻丰富实用。我看了以后很受启发。所以我第一次翻译的就是从这本《赛艇》开始。其实我儿时外语一点也不好，初中时还考过零分。到高中后，我被选做外语课代表。到大学里，又担任外语课代表。就这样，通过7年的学习才有进步。

关于翻译，我自己总结需要三项基本条件。第一，要懂得俄语知识；第二，要懂得中国的语文；第三，要有专业知识。我自己是划赛艇的，那我就说，这本书籍由我来翻译。翻译了大概20万字的《赛艇》后，我又想再翻译一本《皮划艇》。皮划艇我自己不会划，怎么办？我就自己学。不断翻船又重新尝试，自己划了以后感觉还不够。我就开训练班，培养学生。当时我培养的，一个是外贸学院的大学生叫温顺兴，一个是上海师范大学的学生叫朱文英。自己看书后进行教学，研究逐步深入。这样两三年下来，在业务方面，自己也会划了，有感受了。那就可以动手翻译了。所以翻译的内容要符合读者的要求。皮划艇是从我这里一步一步开始的，从翻译、自己学习到办训练班，然后再翻译这样起来的。这本俄语书从何而来？是我从上海体育学院图书馆里借的。这本书主要是作为教材用。我上次写了一篇文章给武汉体院专门出版划船杂志的出版社，里面有个教授就说："你这本书有微分、积分、高等数学，谁愿意看你的？"

后来我发表了一篇小文章《体重与级别的关系》，主要就是研究现在赛艇里面有重量级和轻量级，但为什么会分轻量级跟重量级？道理在哪里？原理是怎么样？另外我又写了《体育手册》里赛艇和皮划艇的部分。

二、教练员与运动员的双重身份

在第一届全运会上，我们的主要目标就是全部拿金牌，为上海争光。当时体委领导很关心我们，教练员由我和程骏迪担任，我们两人也都是运动员，他划单人艇，我和吴怀益划双人艇，我们两个项目在1959年全运会时都获得冠军[①]。

备战全运会时，我们训练并不是选择苏州河，而是选择港口黄浦江段到闵行发电厂附近水面。我们两条艇一起训练，每天一个来回，基本一次训练要两个半小时。

因为是集体项目，第一次参加全运会，当时我这个项目预赛、复赛下来，我们输给黑龙江队一秒钟，但我们和黑龙江队不是一组的。决赛时，一出发我们在最前面，江苏、山东、八一、福建等几支队都在我们后头，想追赶我们。划到最后还有300米的时候，我抬头一看，吓了一跳，黑龙江队在我们前面。他们在第一道，我们在第五道。我光注意眼前，没有注意到他们。我就跟吴怀益讲，"我们提前冲刺"。我们开始冲刺后，他们一开始还没有发现。等他们再开始冲，我们已经到终点了。实际上他们素质比我们好，能力也比我们强。我们靠策略赢了3秒钟。

我比较擅长双人单桨项目。"双单"这个项目在所有划船项目里

[①] 在1959年第一届全国运动会上，划船被列为正式比赛项目。全国有19个省市和解放军队参加，上海队囊括男子全部项目和女子单人艇金牌。

分量最重，因为它有舵手。其他项目，比如八人艇，100斤的话，大家分担的重量很少。所以，这个项目速度最慢，但是负重最高。双人项目现在还有，但有舵手的没有了，改为双单无舵手项目。

1997年春节，有4个女运动员来看我，她们已经60多岁。她们是"文化大革命"后我培养的第一批运动员，当时是在长风公园训练。"文化大革命"期间，划船俱乐部撤销了，船库封掉了，船和桨都搬到浦江对面的大礼堂里。我在体委负责管理游泳池和招待所两个部门，我主要精力还是放在游泳方面。我主持开放游泳池，重新招生进行训练，就这样培养了多名游泳冠军。

当时恢复划船俱乐部，是我和其他同志一起写信向上面反映要求的。我的理由如下。第一，划船有赛艇和皮划艇两大类，共有26个项目，等于奥运会上有26块金牌。当时田径48块、游泳36块、划船26块，有说法是得这三项就能够"得天下"。划船那么多金牌，为什么不恢复它？而且我们上海队成绩一直很好。第二，从项目的训练价值来看，空气、阳光、水，在我们所学的所有运动项目里，哪个项目比较特殊？是划船。把游泳的教科书打开，第一章的序言里面就讲"游泳是身体训练价值最高的项目，肺活量仅次于划船"。划船对身体的肺活量要求更高，因为它的基础动作跟人体呼吸节奏相一致。划船就是"吸、呼、吸、呼"，和肺部呼吸一样，肺活量大，所以训练价值最高。而且这个项目我们已经开展很多年，有较好的群众基础。我就写这几条意见送到市体委，希望能够恢复。

对于划船俱乐部旧址的保护，大家一起写信向上反映，因为这是个老划船基地，非常有价值，而且我们国家的划船事业就是从这个地方开始的，大家对它有感情，希望能够恢复起来。

水上运动俱乐部的同学在进行赛艇修理安装工作

划船项目于1973年恢复，训练在黄浦江上进行。① 我们住在上海中学里，每天都到码头，然后去训练。后来划船少体校成立，外白渡桥附近的划船俱乐部给少体校训练用。我们的主要训练还是放在龙华港口②，当时国内其他城市在1972年就恢复训练，而我们上海在1973年时队伍刚刚招生成立。在这种情况下，我就重点先抓皮划艇。因为皮划艇方面我比较熟，果然在全国锦标赛上拿了单人冠军、双人冠军。后来组成国家队，我们上海队4个人全去了。

---

① 1966年，"文化大革命"开始后，训练停顿。1969年8月，划船俱乐部场地被占用，训练器材被移至黄浦江对岸的临时仓库中，人员大部分下放转业。祝益寿、韩志华、孙嘉祥、程骏迪、陈士麟、王炳耀、张仁记7人多次向国务院、国家体委和市革命委员会要求恢复划船事业。1973年5月，上海市革命委员会同意恢复划船俱乐部。市体委随即成立划船筹备组，并于当年10月15日在黄浦游泳池举办男子赛艇训练班。11月15日又举办男子第二期训练班和女子训练班。在训练班基础上，组成48人集训队，男子平均年龄17岁，女子平均年龄16岁。1974年3月集训队借住上海中学，半天读书，半天训练。水上训练则需步行数公里到原划船俱乐部码头进行，生活和训练条件十分艰苦。

② 1956年3月，国家体委决定在上海、武汉、广州建立划船俱乐部，上海选定龙华港口镇为建部地址。俱乐部于1958年初竣工，在当年5月4日举行的开幕式上，上海队与杭州队进行了友谊赛。

校赛艇队参加上海市赛艇锦标赛

早先国家体委以我们的队伍为基础，组织国家队，参加第十二届世界皮划艇锦标赛，地点在当时的南斯拉夫首都贝尔格莱德。我们的运动员到那儿一看，发现我们所用的船已经被人家作为标本吊在墙上了。我们整个队只有4个人，全部报名参加。参加目的主要不是去拿冠军，而是要用他们的船作为标本。白天我就用尺把它量下来，晚上我就根据数据绘制成图。我本来就是学校机械教研组助教，对这方面比较熟悉。单人、双人、四人皮艇，全套图纸都拿到了。回来就带给上体三厂，造了第一条四人皮艇，这应该是中国自己造的第一条皮艇。

我第一次担任国家队教练是在第三届全运会后，我带赛艇男子队，并没有带过皮划艇队，因为当时皮划艇队并非专业队。

三、关于划船的往事回忆

我们划船时，苏州河、黄浦江一般没有人划，因为非常不安全。不管是不是老手，单人艇上去时经常翻，我自己就翻了不知道多少次。

作为教练员，需要开动脑筋，给运动员做思想工作，启发他们训练的自觉性。运动员只要看到他自身的成绩有提高，一定卖力训练。我曾带了泰国的运动员，给她们训练不到3个月。她们参加东亚运动会，拿了两个冠军。她们的领队跟我说："陈教练，这几个小丫头很调皮，怎么会听你的话呢？"我说："你只要让她们训练，有进步她们肯定开心。"拿了冠军后，她们开心得一塌糊涂，还把运动会的吉祥物寄给了我。

教练要专心致志，要对运动员负责。在很大程度上，教练的态度决定运动员的态度。比如有偷懒的教练，平常不管运动员，轻量级的运动员到厨房里偷肉吃，吃了体重上来，怎么出成绩？运动员感受不到压力，也就没办法出成绩。

20世纪七八十年代，苏州河、黄浦江污染加重，但对我们的训

陈士麟与小队员们合影

练影响不大,因为涨潮时,水是没有影响的。退潮后,苏州河里进来的水是黑的,涨潮后,黄浦江进来的水是黄的。后来我们到港口划船俱乐部去训练,那边水质更好一些。

我们都在黄浦江里训练,苏州河不进去。从外白渡桥出了桥洞,右手拐弯到十六铺,再下去是江南造船厂、周家渡。有的时候左拐到杨树浦发电厂。那个时候黄浦江水质还好,后来也不行了。否则我们也不会到淀山湖去。① 现在黄浦江、苏州河水质都干净了。苏州河治理后,我经常在那里锻炼身体。

我带的划船运动员有三四十个了,游泳运动员还有两个。我也曾带过亚洲蝶泳冠军郑健,我儿子也曾获得过全国游泳的冠军。

我做了许多翻译工作,一是可以通过翻译专业书籍来提高我自

陈士麟担任巴基斯坦国家赛艇队教练时与队员合影

---

① 进入20世纪80年代,黄浦江交通日趋频繁,已无法进行正常的赛艇训练,加上第五届全运会将在上海举行,迫切需要建造现代化的水上运动场地。为此,国家决定在淀山湖畔建造上海水上运动场。在新场建成之前,市赛艇队一直借用郊县河网地带的临时场地进行训练,1978—1980年在嘉定县浏河,1981—1983年8月15日前于南汇县的大治河。条件虽然艰苦,运动水平仍上升较快,1981年和1982年的全国锦标赛上海队获得了5项冠军。

陈士麟担任泰国国家赛艇队教练时与队员合影

2022年7月,陈士麟捐赠50万元成立上海海洋大学水上运动发展基金

己的业务水平,能为国家这项运动的发展作出一点贡献。国家体委准备要印刷出版我翻译的书稿,我计划把得到的稿费送给国家,一本是《皮划艇运动》,还有一本是《赛艇运动》。我成立上海海洋大学水上运动发展基金会,有50万元,资助穷困学生读书和开展我们的水上

2020年6月30日，中国赛艇协会秘书长万红军向水上运动元老陈士麟（左一）等3人颁发了荣誉证书，授予他们突出贡献奖

陈士麟与采访团队

运动。

我于 1996 年退休。退休后仍在队里，一直干到 2005 年。我当时的想法是"革命自有后来人"，但是我现在的想法变了。前段时间，我去现场看了一场浙江队对辽宁队的篮球总冠军决赛。浙江广厦的两个教练，一个黑头发、一个白头发，我想，他们这么大的年龄还坚持工作，我觉得我还可以做很多工作，只要对体育事业有贡献，我都愿意。

口述采访者：袁念琪、汪珉等

本文整理者：李磊、张弛

扫码观看视频

陈世和

我的母亲『短跑皇后』钱行素

采访时间：2022年8月11日
采访地点：杨浦区江浦路寓所
访谈对象：陈世和

SPORT
Sport
Win!
be strong
#1
run
I ♥ SPORT
Sport

陈世和

> **整理者按** 陈世和，1936年出生，近代上海著名短跑运动员钱行素之子。钱行素（1915—1968），女，嘉定纪王乡人，她曾在第五届全运会上获女子100米（13.5秒）、200米（27.6秒）、80米低栏（14.5秒）、4×100米接力（54.6秒）的冠军和跳远亚军，并创4项全国新纪录。1950年后在复旦大学任教。

我的母亲钱行素是一位著名的女子短跑运动员。她的父亲钱安生是木匠出身，从小习武，被人称为"大力士"，在嘉定办过教育。她的母亲陈福梅在上海棉纺厂任纺织女工。我母亲受父母影响，从小就喜欢体育运动，非常有进取心。特别是小学和初中，跑步非常快，体育成绩一直名列前茅。我也喜欢体育，曾向外公学习过"拿顶"，也就是头手倒立，还有石担、石锁等，为我后来参加体操、田径等运动项目打下了很好的基础。关于母亲为什么取名"钱行素"，"我行我素"的解释可能不太恰当，可能有典故，但我不知道。我叫陈世和，我知道是我爸爸希望世界和平。

一、进入东亚体专，短跑一鸣惊人

她练习田径是到上海东亚体育专科学校[①]后开始的。1930年，她从嘉定县初级中学毕业，放弃就读黄渡师范学校的机会，报考了上海东亚体育专门学校附属体育师范科。据说是当时在老校长陈奉暲的指点下，力破当时女子尚文不尚武的习俗。

当时东亚体专比较有名。我知道全国有3个体育系：一个是南京中央大学体育系；一个是两江女子体育师范学校[②]，由陆礼华创建，曾创立目前史料记载中国近代体育史上最早的一支女子足球队，很有名气；另一个就是东亚体专，当时全国体育界的著名人物、运动员，很多出自东亚体专。而且东亚体专里面宜兴人群体占比很大，通俗讲叫"宜兴帮"，像著名的体育教育家董承良，他就是宜兴人。他的哥

钱行素

（图片来源：《沙乐美》，1937年第7期）

---

① 东亚体育专科学校，1918年8月创建于上海。创办人为留日学生庞醒跃、留美学生博球，以及史忍、宗鄂、陈熊等人。主要招收高中毕业生，以培养中学体育教师和体育行政管理人员为宗旨，学制2年。建校初期，校址位于上海方斜路广安理。聘请环球中国学会会长朱少屏担任校长，傅球负责校务工作。1924年增设附属体育师范学校，培养小学体育教师。
② 两江女子体育师范学校，由陆礼华于1922年创办于上海市虹口区邓脱路（今东长治路），办校"目的在于中国妇女的解放；通过学校的体育教育，达到强健妇女体格，培养女子体育师资，为在中国开展女子体育运动训练骨干"。1927年，改名为"上海两江女子体育专科学校"。

钱行素（左二）代表上海队参加全运会

哥董承康也是东亚体专里面的元老，可以说是最早的体育老师之一。我知道他在东亚体专教师队伍建设、教学方面发挥过重要作用。

我估计当时考东亚体专不像现在考体育学校这么难，大概一是有这方面的专业才能，二是有一定经济实力，都能够上学校。我母亲体育成绩很优秀，她进学校第二年就参加第二届市运动会，并拿到女子金牌。

当时我母亲家里经济情况并不好，我母亲的伯父资助部分钱供她上学。那时候女性个子都不是太高，适合练习短跑，包括80米低栏。

民国时期的女子低栏比赛场景
（图片来源：《良友》1935年第110期）

我母亲比较刻苦。记得她养了条狗，名字叫"小黑"。每天早晨起来，她就跑到操场上，带着小黑一起练跑步。那时候没有起跑器，跑100米，就挖两个洞，当做起跑器。除了跑步，从她的身材来讲，她跳远也可以，再就是女子4×100米接力，那时候女子体育运动就这些项目。另外，她喜欢舞蹈，柔韧性比较好，对跑低栏有帮助。我自己也练过跨栏，我的200米低栏和100米短跑成绩也达到了国家一级运动员标准。

1931年9月，在第二届全市运动会上，我母亲刚刚16岁，就获得了女子100米和跳远冠军，并创下了全国纪录。1932年，她参加在上海举行的万国运动会，她作为中华队的队员参加了4×100米接力赛跑，作为第一棒，起跑非常快。最终中华女子队以58秒的成绩压倒英、美等队，获得冠军。那时候说体育救国，因为很多人称我们是"东亚病夫"，因此人们对体育的重视不亚于现在。况且当时娱乐生活比较单一，练体育也是一种娱乐活动。

1933年9月，母亲钱行素在上海市第三届运动会上又以十三秒五和二十九秒的成绩分别创下了女子100米、200米赛跑全国纪录。当年10月，她参加第五届民国全运会，在这届运动会上，她一鸣惊人，在几天内斩获女子100米、200米、80米低栏、4×100米接力冠军和跳远亚军。她以二十七秒六的成绩打破全国200米径赛纪录，80米低栏以预赛十四秒三、决赛十四秒五刷新全国纪录。一时间，钱行素名声大噪，当时的《时事新报》发表《赛跑界之权威，南钱北刘（指辽宁男运动员短跑

全运会负誉凯旋之钱行素
（图片来源：《图画周刊》1933年第二届民国全运会京报图画特刊）

健将刘长春)相映媲美》的专题报道,备受推崇。当时辽宁刘长春有"短跑怪杰"之美誉,而钱行素则是田径女杰。国民政府考试院特颁绣有"全国新纪录"的锦旗予以表彰。

现在前三名有金牌、银牌、铜牌。那个时候就是各个地方政府提供奖杯、锦旗等,他们觉得哪个人贡献大,就发给谁,并不一定给第一、第二名。发放由组委会负责,可能是地方政府说这个奖杯给某个人,或者蔡元培说这个奖杯给钱行素。比如,考试院拿出奖杯或者奖旗给运动员,这说明当时社会各个阶层、机构组织都重视体育。一定要把我们国家的体育兴旺起来,一心教育救国、体育救国、体育强身。

后来在复旦体育教研室的仓库发现两个她在民国全运会获得

1933年第五届民国全运会奖杯（钱行素）

1935年第六届民国全运会奖杯（钱行素）

《赛跑界之权威,南钱北刘相映媲美》
(资料来源:《时事新报》1933年10月12日,第2版)

的冠军奖杯,我要回来了。作为母亲的遗物,我们感到很开心。但奖杯到底怎么办,当时我的想法还是给国家最好,这样可以长久地保存下母亲的历史成绩。我捐赠的想法,也得到了儿女的支持和鼓励。

1934年初,华侨领袖陈嘉庚、胡文虎[①]等人委托新加坡排篮球总会,邀钱行素组织东亚体专女篮队的运动员,组成"东亚南游团",一行共10人,我母亲担任团长。她们前往新加坡、槟榔屿、吉隆坡等城市进行巡回表演,她们高超的球技,以及我母亲的跑跨技术,广受欢迎,给广大侨胞留下深刻印象。新加坡还发行1组12枚"东亚南游团"活动照相纪念明信片,以兹纪念。当时华侨在国外地位不高,但他们对祖国非常热爱。所以当祖国的人来了,能够为祖国争

1935年10月10日,在江湾体育场举行的第六届民国全运会开幕式

---

① 胡文虎(1882—1954),客家人,是南洋著名华侨企业家、报业家和慈善家,被称为南洋华侨传奇人物。他以虎标万金油等成药致富,号称"万金油大王"。

光，他们非常高兴。像胡文虎是很著名的华侨，被称为"万金油大王"，他大力资助我国体育事业，包括华侨团体也拿出来很多钱。

在1935年举行的第六届民国全运会上，钱行素又获80米低栏第一名。在当时的情况下，女子参加体育运动是惊世骇俗的，包括杨秀琼、李森等人在内，那时中国女子体育明星的运动生涯都很短暂。

二、投身体育教育

1936年，我母亲从东亚体专毕业，虽然她才21岁，但作为运动员的生涯已经提前结束，开始以培养新一代体育健儿为己任。她先到中学里面教书，到务本女中、启秀女中等。那时候教师在社会上地位很高，非常受重视。后来她到过暨南大学、光华大学、复旦大学任教。

她自己擅长女子项目，对女子项目比较感兴趣。她后来担任过上海市田径队教练，也指导过男子跨栏项目等，我的跨栏就是在她指导下训练的。我练跨栏时是在大学大一、大二，她总要帮助纠正一下动作。我对跨栏比较感兴趣，因为100米短跑很简单，一口气就到底了，相比之下，跨栏有技术要求，一个接一个，非常有味道。

我大学在复旦就读，当时我母亲在复旦大学担任体育讲师。解放前她在暨南大学，后来院系调整到复旦。除了讲课外，她要带高校运动队，并担任高校运动队教练。中华人民共和国成立后，

青年时期的陈世和

在党的领导下，体育运动发展非常迅速，成绩很快提高，与中华人民共和国成立前的情况不可同日而语。

高校队成绩不错，像我们都赢过专业运动员。早期很多冠军并不是专业的，都是业余运动员。像我最初也是作为业余运动员拿到冠军的。到后来专业运动员天天训练，又有现代化理论研究支持，有科学的训练方法，有教练在旁指导，因而专业成绩跟业余成绩的差距逐渐拉开。在我那个年代，冠军不一定出自体育学院，而是大多出自运动队。

著名的医学家钟南山跟我同龄，在西安，我们曾一起参加全国第一届大学生运动会，他跑的是400米中栏，我跑的是100米低栏，因为他个子比我高，400米中栏的栏比较高，我栏间步距有问题，不适合。栏间步距、步数与个人身高都有关系。因为每多跑一步，时间就会慢一点。人比较矮的话，中栏过栏要求比较高。在第一届大学生运动会上，我名次排在后面。我在上海的大学生运动会上，曾拿到过100米的冠军。那时候大家成绩不稳定，可能这次他跑冠军，下次另一个人跑第一名，大家成绩都在一个水平段上。

母亲去世是在1968年，当时我在武汉大学工作，不在上海。我母亲去世那天，我一直烦躁不安。过了两天，妹妹打电报过来，"母亡来昆"。我就和学校请假回去处理母亲丧事。在母亲去世第二天，我小女儿出生。我母亲去世时，父亲还在监狱服刑，不能出来。

我父亲陈梦渔[①]和我母亲钱行素是嘉定同乡。1911年，他在清廷交通部高等商船学堂学习航海期间接触革命思想，辛亥革命时参加上海的学生军，所以是辛亥元老。1918年，他和庞醒跃等人一起创办东亚体专。这所学校命运多舛，1927年校长庞醒跃因为经费困难无力支撑而出走，他和宗鄂主持校务，因为宗鄂还在国民革命军中有

---

① 陈梦渔（1896—1986），早期的国民党党员，著名体育教育家，于1918年参与创办上海东亚体育专科学校。

兼职，所以实际校务由他主持。1929年宗鄂病逝，我父亲担任校长，一直做到1949年。担任校长的20年，经历了抗战时期的停办，又在胜利后恢复，实属不易。

三、我和父亲、母亲

我于1936年出生，当时应该算是一个很富裕的家庭，父母都有较高的地位，经济条件、家里环境都比较好，有别墅、汽车，甚至还养马，家里有佣人、保姆、厨师、厨师长、奶妈、包车夫，吃的都是进口食品。当时住的地方，我记不清了，在愚园路附近，溧阳路也有房子。

不久淞沪抗战爆发，我父亲当时是国民党上海市教育部的地下负责人，日本人晚上来抓我父亲，我们就逃难。我父亲先到重庆，我母亲带着我们，逃到半路，到不了重庆，因为日本占领区过不去，就到安徽屯溪这里留下来了。当时一个女人带着几个孩子，带着自己的父亲、母亲，还有当时出过钱让她上学的伯伯，可想而知十分艰辛，一直到抗战胜利后我们才回来。

上海解放前，有中共早期党组织来找我父亲谈些事情。上海解放

钱行素为闸北水电游泳池开幕剪彩

（图片来源：《民国日报》1946年7月26日，第2版）

时，我就开车欢迎解放军。当时东亚体专在江湾体育场，一个私立学校设在国家的体育场里，是很少见的，所以我在那里玩。我们那代人都很热爱新中国、热爱共产党。

我一直在东亚中学读书，复旦大学旁边的上海轻工业学校本来就是东亚中学的校址，后来搬到水电公司旁边，永安大戏院也在边上。之后又搬到红星书场对面银行大楼的4楼和5楼。后来合并到新力中学。我整个读书过程都是在不断地换地方，一直到1955年考上复旦大学。那时候，我母亲搬到复旦大学，住在复旦大学宿舍里。所以，可以说，我的中学时期是在复旦度过的。1952年，我就住在复旦大学的宿舍，一直住到毕业以后分开。后来我又调进复旦大学，再又到同济大学。

我们小时候，父母忙工作，学期结束给他们成绩单就完事了。我考大学，母亲没有管我考什么专业，也没有走后门。我考取的结果比报上登的早一天知道。她跟我说："阿和，你考取了。"因为在学校里查得到，就沾了这个光。我连毕业分配，都没有请母亲去找人让我留在上海。我们那时候人很单纯，认为这不光彩。

我在复旦读的专业是生物系，最早叫微生物专业。后来分到武汉大学病毒研究院病毒系，也叫微生物系。之所以选择这个专业，就是单纯认为农业很有味道，可能与教师很有关系。我们生物老师跟我说，今后的农业可以长出蓝棉花、红棉花，我们穿花衣服都不要染色了，我就非常喜欢。但因

陈世和获得"第一批中国环境卫生行业从业二十年资深环卫专家"奖杯

陈世和与采访团队

为受我父亲影响，我最喜欢航海，我第一志愿不是复旦大学，是水产学院航海系，第二志愿是农学院。因为分数到位了，就考进复旦大学生物系，最早是植物专业，后来慢慢我就转到微生物专业，最后转到病毒、噬菌体方面了。

我于1960年毕业，分配到武汉大学。在武汉大学待了18年，平平安安。在武汉大学升了讲师，还没有宣布时，我被调回同济。不久就担任了教研室主任，然后当了建设部同济大学环卫机械研究所所长，升了副教授、教授，都很顺利。在同济一直工作到退休，也获得很多奖状。65岁退休后我继续从事社会各方面的环境保护工作，所以他们在2019年发给我的奖杯，足以说明我在这方面得到的社会认可。

口述采访者：袁念琪、汪珉、查雨卉等

本文整理者：李东鹏、张弛

周明辉

「前进不懈，大智若愚」
——「神行太保」周余愚与中国竞走往事

采访时间：2022年9月1日
采访地点：长宁区镇宁路寓所
访谈对象：周明辉

SPORT
Sport
Win!
be strong
#1
run
I SPORT
Sport

周明辉

> 整理者按
>
> 周明辉，近代上海著名竞走运动员周余愚之子。周余愚，男，1908年出生，曾创建上海虹口田径队（后改名上海白虹田径队）与中华竞走会。在"上海万国竞走锦标赛"上屡次夺冠，为华人争光。1936年参加柏林奥运会，获得一枚荣誉性奖牌"姿势优美奖"。周余愚于1992年为北京申办2000年奥运会，摇旗呐喊，坚定地站在支持北京的阵营中，得到荣高棠、何振梁等体育官员的热情赞赏。

我爸爸周余愚从小就非常喜欢体育。他幼年在上海和安小学[①]读书，中学就读于圣约翰附中。1926年考入上海沪江大学，在大学所学专业用现在的话来说应该是商学院。他有两个哥哥、两个姐姐，排老五，是最小的。他小时候，非常喜欢体育运动，特别是体操项目，他都积极参与。到了初中时，他开始主攻田径中长跑。因为那时家里条件不错，家里人都认为体育值得钻研，值得花工夫操练。父亲是48岁养我的，因而对于祖父那一代，我了解相对甚少，只记得他是

[①] 今静安区第三中心小学。和安小学由陆文麓创办于1906年，为沪上名校，学校提倡"强国必先强种，强种必先强身"，激励学生锻炼身体，每学期都举行运动会。"两旁观者，充塞如堵，转角处尤见拥挤，且以华人为特多，约而计之，无虑数万。"资料来源：《万国竞走赛中华毕竟得锦标》，《时事新报》1928年12月3日，第12版。

经商的，早期从宁波来到上海，船务、贸易都有涉猎。祖父积累起一点家产、关系网给父亲，所以父亲在上海长大，从大学离开后就到太古洋行工作去了。

一、从万国竞走赛中脱颖而出

上海是中国竞走发源地。19世纪下半叶，近代田径传入租界，参加者多为侨民，开展的主要场地是教堂草坪和苏州河沿岸马路。万国竞走比赛[①]从1904年开始，每年冬季在上海举办。1912年至1921年，竞走比赛曾因"一战"停办。1922年，万国竞走比赛重新恢复。我爸爸大概是这时看到比赛消息的，就开始积极进行训练，加入竞走这项运动中。

他与中国竞走创始人、发起人张造寸[②]是同学，和安小学曾走出中国竞走历史上著名的"和安三剑客"，分别是张造寸、周余愚、石金生。这里重点介绍一下张造寸，他在中国田径史上是一位举足轻重的人物。他原名张兆春，相传为他改名的是作家张爱玲。因为满意其手艺，建议把"兆春"改"造寸"，意为"造寸，造寸，寸寸创造，把我们女人的衣裳做得合身漂亮"。他的店铺于1956年迁京，为著名"红都"时装

周余愚

[①] 万国竞走比赛是20世纪早期在上海由外国侨民发起组织的国际体育比赛活动，始于1904年，在每年冬季某一个星期日举行。辛亥革命后停办，1922年续办，1933年停止。

[②] 张造寸，原名张兆春，1903年出生于浦东，自幼喜欢体育运动。中学毕业后，进入有"中国服装业的少林寺"之称的上海鸿翔公司，拜师于公司创始人金鸿翔。出师后在父亲老店的基础上开店，初始店名为"张记"，后用自己新名"张造寸"中的"造寸"命名。1935年，将店铺迁至静安寺路300号，更名为"造寸时装股份有限公司"，以制售高档女装成为上海业界翘楚。北京西城老字号谱系研究领导小组编著：《北京西城老字号谱系丛书·服装鞋帽卷·文化卷·其他卷》，北京联合出版公司2015年版，第50—51页。

旗下一个名牌。张造寸带着我爸爸练竞走,是从圣约翰中学开始。大约在1965年、1966年时,他到上海来,我还看到过他。

万国竞走赛先前没有中国人参加,参赛者都是外国人,包括日本人、英格兰人、苏格兰人、德国人等,主要是租界一些外商和侨居上海的外国人。也有一些外国人邀请自己国家一些好选手到上海参赛,但没有中国人参加比赛。

1922年,比赛重启,华人开始参赛,第一位华人选手是陈和清穿布鞋跑个人赛。到了1925年、1926年,参加比赛的中国选手开始多起来。那时候的爱国青年,看到自己的土地上没有中国选手参加比赛,内心有一种为国争光的激情,激励他们积极参加这项运动。我爸爸搞竞走,家里人都支持。

我父亲有个教练,碰到父亲比赛才来,日常训练就是他自己练习,因为那时都是业余运动员,不是专业运动员。大学毕业后,父亲一直在太古洋行工作,体育作为他的爱好,也可算是第二职业。比如礼拜六,或者假期休息时,他就召集一批热爱体育的有识之士,大家待在一起练体育。

他们早时在现在的昌平路训练,那时昌平路、万航渡路一带比较偏僻,不属于市中心。训练地点就在昌平路的体育场①,现在是静安工人体育场。为了便于训练,父亲在附近的万航渡路上买了一幢房子,离体育场很近,两点之间只需步行五六分钟。不仅如此,房子还有热水提供,而且可供大家换衣、吃饭等。一天训练结束后,大家能待在一起,稍微休整一下。到20世纪30年代,参加柏林奥运会前,父亲在上海体育俱乐部进行了较为系统性、专业性的训练,这里面有一个健身道,而他经常在马路上练习竞走。万国竞走的比赛线路比较

---

① 胶州公园是当时上海西区最大的体育活动场所,后改建为静安区工人体育场。

盛毓度开车跟行训练中的周余愚

好玩,从王家沙起点,到静安寺、万航渡路,再到长宁路,接着从中山公园到哈密路,在交通大学转弯过来,通过衡山路跑到复兴路,然后跑到陕西路,再跑到陕西北路。这样之后跑到威海卫路、威海路,最终到现在的人民广场,当时是跑马厅。这样一圈是51华里(25.5千米)。所以说,在马路上训练,也是为了适应比赛需求。

说到训练,周余愚马路竞走、后跟豪车的照片广为流传。这件事非一言足以明尽。照片中这辆凯迪拉克是盛恩颐[①]的,车牌6139,车牌上方有排醒目的"4444",暗示车主是盛四公子。开车跟随的是盛恩颐的公子盛毓度。盛毓度是我父亲的发小,大概十五六岁时,两人就是非常要好的朋友,他们那时喜欢跳舞、打扑克等。

1926年,父亲18岁,在当年上海万国运动会[②]上,他拿了5公里竞走比赛第一名,这是他人生第一次获得竞走冠军。万国运动会有很多比赛项目。1927年,父亲参加上海万国竞走赛。这个比赛在上

[①] 盛恩颐,盛宣怀之子。
[②] 上海万国运动会是20世纪二三十年代在上海由中华全国体育协进会发起组织的国际性体育比赛。1926年10月9日至10日,第一届上海万国运动会由中华全国体育协进会承办。

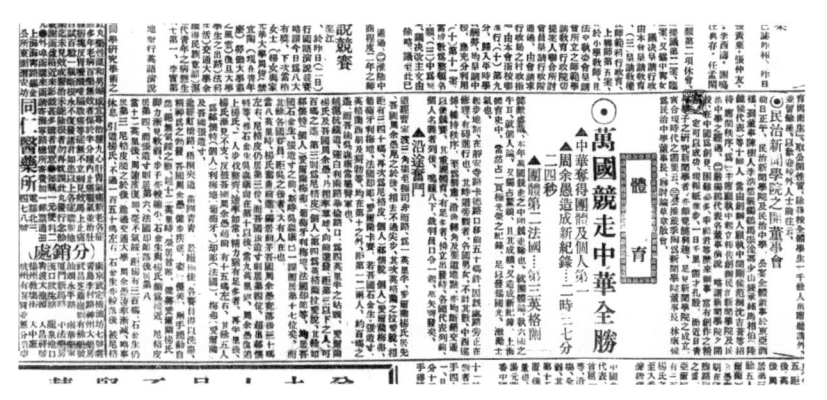

《申报》上关于周余愚打破纪录的报道
（资料来源：《申报》1928年12月3日，第11版）

海每年举行一次。1927年，他的成绩还达不到参加成人组标准，或许是年龄不够，我也不清楚。他获得青年组第一名。

1928年的万国竞走赛，父亲拿到个人第一名和团体冠军。因为他们个人成绩跟团体冠军是记在一起的。他个人得到的是第一名，且以2小时37分24秒打破大会纪录。他与张造寸、石金生、吴淼康组成的中华队获团体冠军。[1]

从1928年到1933年上海万国竞走赛停办前，中国队包揽了历届团体冠军，一共拿了5年。父亲参加了4届团体比赛，在1928年和1930年获得第一名。1931年他没参加，外面报道他去练长跑，其实是开摩托车时一只脚后跟轧了，不能参加比赛。他一共参加了4届，都获得了团体冠军，并获得了两次个人第一名。

应该说，他们那代年轻人有强烈的爱国热情，因为那时一直被外国人称"东亚病夫"，尤其在上海，刚开始没有中国运动员参加，全部是外国运动员。所以，他们非常热血，有要战胜外国人的动力。万国竞走比赛初办时，就是对此活动有兴趣的侨居上海的外国人参加，

---

[1] 《万国竞走赛中华毕竟得锦标》，《时事新报》1928年12月3日，第12版。

周余愚与其所获奖杯合影

但当中国运动员真正在1928年获得好成绩后,他们不断从国外邀请优秀选手来比赛,与国人竞争。不过,来参赛时,他们也不好意思宣传是优秀选手,就说是煤气公司、电器公司的职员等。所以有人说,我父亲当时的成绩已经是世界前六的水平。

上海万国竞走比赛规模非常大,全程51华里,所有路过之地挤满了上海市民,约而计之,无虑数万[1]。譬如静安寺、王家沙等热闹之地,市民都夹道欢迎、观看,整条赛道都有人围着。有中国运动员能够参加比赛,说明咱们扬眉吐气。比赛终点站在跑马厅,颁奖也在跑马厅,就是现在的人民公园这一带。我也翻了一点资料,比如上海《申报》做了详细报道。市民们听到我父亲得第一名的消息,自发地在跑马厅拼命放炮仗,跑马厅的马都被惊吓得跑出来了。为什么那时候称我爸爸是"神行太保"?这也是有说法的,当时媒体就用这样一个称号,认为在上海、在中国能够达到这样的成绩实属不易。所以这个称号一直延续到现在。

---

[1]《万国竞走赛中华毕竟得锦标》,《时事新报》,1928年12月3日,第12版。

我要特别提一件事情。1930年，我父亲第二次拿第一名时，他的发小、盛毓度的父亲——盛四公子盛恩颐特意定制了一套银制茶具，包括银制茶壶、咖啡壶、糖缸、茶杯、托盘等，可惜现在已经没有了。之所以准备这样一套盘子，就是看好我父亲会得第一名。

二、从白虹队到上海中华竞走协会

我父亲在创办中华竞走会前，先创办了白虹田径队。白虹田径队的前身是1927年我父亲与张造寸、陈虚舟三个人创办的虹口田径队。1927年8月，第八届远东运动会在沪举行，这是中国人首次主办国际性综合运动会。陈虚舟等6位上海田径选手参赛却未能夺牌，这种巨大的理想与现实的落差感让爱国田径爱好者认识到，要组织起来，加强专业训练。当年9月，陈虚舟、周余愚、张造寸等组建虹口田径队，队长陈虚舟，副队长周余愚。训练的虹口公园为公共租界最主要的综合性体育场（今西部为虹口体育场，东部为鲁迅公园）。因为他们在虹口体育场训练，就以"虹口田径队"命名。

1930年秋天，队伍改名白虹田径队。因为在虹口，日本人很多，他们训练时经常受日本人排挤。而且那时东三省已经被日本人染指，他们这些热血青年对日本比较憎恨，就改名为白虹田径队，取"白虹贯日"之意，中国体育必须要超过日本。白虹田径队后面得到民国时中国体育最高机构中华体育协进会的认可。白虹田径队吸引了全国田径高手，包括名将刘长春，不久后打破刘长春百米全国纪录的程金冠，之后4破铅球全国纪录的"铁牛"陈宝球，多次创造撑竿跳全国纪录的符保卢，他也是1936年第十一届奥运会上唯一参加复赛的选手。白虹田径队从上海地方队伍发展成全国性队伍，全国名将都来加入，这些在史料上都有记载。这些年轻人利用休息的星期日上午，来虹口公园训练。大家爱国热情高涨，训练刻苦。可以说，参加柏林奥运会的田径选手,半数以上都来自白虹田径队。

在田径队改名那年,我父亲与张造寸创办上海中华竞走协会。中华竞走协会每年定期举办13英里(约20.93千米)竞走赛,致力于在上海和全国推广竞走。1931年时,办过一次上海女子竞走比赛。因为那时能有女性出来参加体育比赛十分不易,一般是教会学校的学生能够积极地参与。到抗战时,白虹田径队和中华竞走协会不了了之。[①]1945年抗战胜利后也没有恢复。

三、参加柏林奥运会

参加奥运会时,我父亲已经26岁,运动状态已经过巅峰期,他的成绩没有最高峰时那么好了。基于我父亲对竞走作出的贡献,当时中华

周余愚与竞走运动员合影(右一为周余愚,右二为张造寸,右三为石金生)

[①] 在上海中华竞走会积极的组织倡导下,竞走逐渐成为沪上民众喜闻乐见的传统体育赛事,民国二十三年(1934年)至民国二十四年(1935年)间,分布于全市的民间业余竞走队达10多支。民国二十二年(1933年),民国第五届全运会开始将竞走列为表演项目,上海中华竞走会会员蔡正义、张造九分别蝉联第五、第六届民国全运会竞走表演赛冠、亚军。民国三十年(1941年)年底,上海中华竞走会因太平洋战争爆发而解体。

体育协进会定了由他参加奥运会，不用参加选拔，直接进入到奥运会的大名单。竞走项目的选手还有两名，一共3人参加第十一届奥运会。

1936年6月26日，他们从上海江山码头乘坐意大利邮船"康提凡蒂"号前往柏林参加奥运会，上海市长和政界很多人都到码头去送行。在这之前，他们运动员去南京，在南京拍了一张第十一届奥运会全体工作人员、运动员集体照。1932年时，只有刘长春一人参加奥运会，这一届是运动员、工作人员都比较庞大的一支队伍，一共69名运动员参加田径、游泳、举重、拳击、自行车、篮球和足球7个大项比赛，田径运动员大概二三十人，刘长春任队长，我父亲是副队长，田径队总教练为马约翰，团长为王正廷，领队是沈嗣良。

我父亲自己准备了一本签名册，当时所有奥运选手都在我父亲这本签名册上签过字。刘长春写下："余愚兄：准备着一九四零年名振三岛。""亚洲球王"李惠堂题词："前进不懈，大智若愚。"一起奋斗过的陈宝球写道："我们在运动圈里一齐努力了十年，你还记得吗？在十年前的虹口队，十年中的白虹队，现在呢？中华队。同志啊！努力罢！将来还有更雄伟的队和你一同去参加哩！"题词不仅有奥运选手，还有随行《中央日

周余愚赴柏林途中留影（左二为周余愚）

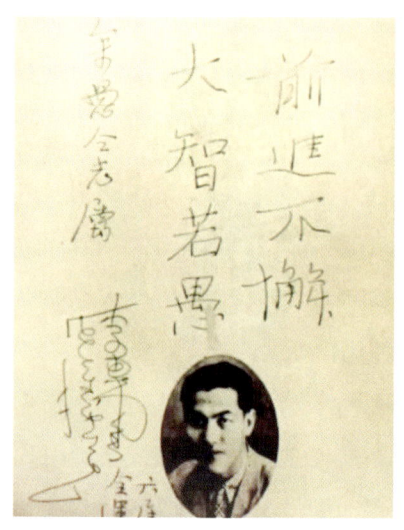

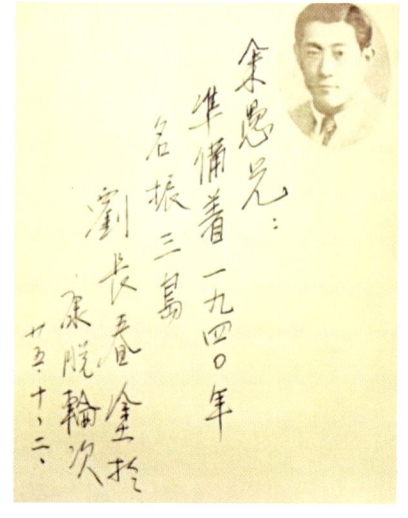

李惠堂给周余愚题词："前进不懈，大智若愚"

刘长春给周余愚题词："准备着，一九四〇年名振三岛"

报》特派记者、后为《光明日报》总编的储安平，他写的是"为国争光"。我父亲把当时签字人的照片都贴上去，这就对得上了。我的父亲原名周钦良，为什么有时用周余愚？这个周余愚跟体育有关系。因为我父亲万国运动会得奖后，有点小名气，采访者也比较多，经常在报纸上报道，就改成周余愚，意思是"余下的愚蠢"。现在有讲我父亲"像愚公移山一样地，达到自己的成绩"，我父亲自己讲没有这样子的事情。他认为"我是余下来的愚人"，比较谦虚。球王李惠堂说："你不是余下来的愚蠢，是大智若愚啊。"到现在这也是一段佳话吧。

中国运动员到德国后，很多都水土不服。此外，在船上长时间航行，大家缺乏锻炼，晕船反应都大。我父亲的成绩是第24名，这与他以往所有成绩都不相当。我父亲原本的成绩应是打破上海万国竞走比赛大会纪录时，成绩是世界第六。也不单单是我父亲成绩不好，所有中国田径运动员都没有达到以往的成绩。而唯一进入复赛的符保卢，在抗战时参加空军，在一次训练时因飞机失事去世了。

周余愚拍摄的柏林奥运会体育场

当时中国运动员的成绩不理想，除了路途疲劳外，另一个原因是当时体育情报搜集不力，竞走路线是山路，有坡度，这个情报根本不清楚。他们在进行奥运集训时，没有训练有坡度的赛道，比赛时有坡度的赛道根本不能适应，成绩一落千丈。

虽然整体成绩不好，但我想，中国代表团能够参加第十一届柏林奥运会，从第十届只有刘长春一人到一个庞大的代表团，这就是一个飞跃、一个进步。这就是中国人在世界面前展示"中国人不是东亚病夫"。看我们中国在奥运会上从一开始刘长春一个人代表到自己举办奥运会，再到现在的成绩，这是多么令人骄傲的事情。

有很多报道说当时没有经费，需要参加义赛、踢球表演等，确实有部分是这个情况。但正式参赛后，运动员都很开心。那个时候有一个说法，这批运动员当时没有人专职搞体育。他们这次的参赛队伍，包括李惠堂等，素质都非常高。我父亲带了一台莱卡照相机，拍了许

周余愚拍摄的奥运照相册 　　周余愚的奥运签名簿

多照片,从训练到比赛,从开幕式到奥运村餐厅,记录中国运动员在运动村吃饭、生活的场景和画面。我在百度"程金冠"条目里,看到程金冠和欧文斯合影感到眼熟,回家一找,原始照在我这里。可以说,1936年的柏林奥运会是中国体育的一个飞跃。

父亲在柏林结识了20世纪最佳田径运动员杰西·欧文斯,他在这届奥运夺得100米、200米、跳远和4×100米接力的4枚金牌,并3平9破奥运纪录、4破世界纪录。欧文斯对我父亲挺好,这取决于几个因素。一是他英文好,能沟通,这是主要的。二是欧文斯说:"我们都是希特勒说的'有色种族',我是短跑,你是长跑。"回来后,他们还有书信来往。

周余愚与欧文斯在柏林合影

周明辉："前进不懈，大智若愚" 157

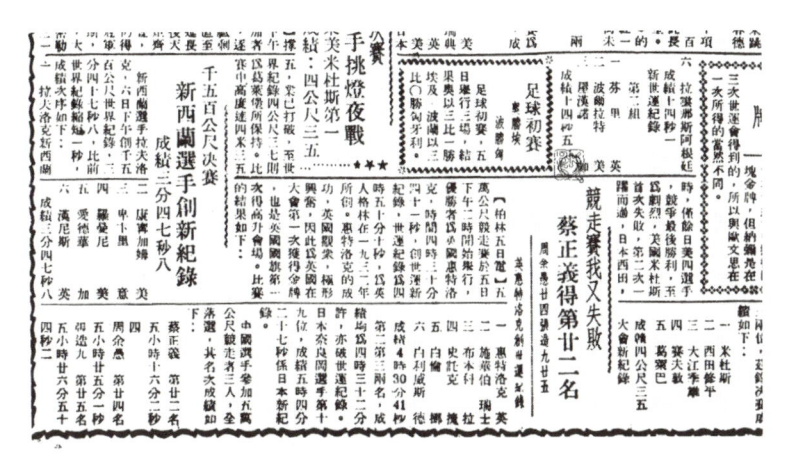

关于奥运会上中国代表队竞走成绩的报道
（资料来源：《立报》1936年8月7日，第4版）

四、关于"姿势优美"的忆事

父亲在这届奥运会上得到一枚姿势优美奖牌，这是中国选手获得的第一块奥运奖牌。关于这个姿势优美奖，有一些争议。现在查奥运会资料，说奥运会没有颁发这样一个奖。但是我要讲，我父亲确实拿到这样一个奖。可能当时史料不齐全，这个奖可能没有列到全部奖项里。在还没参加奥运会时，我父亲的姿势优美就已经得到世界公认。这不是冒冒失失说1936年奥运会时就定我父亲："你今天这一场比赛，姿势优美就发一个奖给你。"不是这样一件事

《竞走训练法》上的"姿势优美"，中间者为周余愚

情。我想，如果他得到名次，可能这个奖就不拿出来。假如他得不到名次，那么这个奖就作为象征性荣誉奖。这个奖我亲眼看到过，大约比A4纸再大一点，是紫铜的，看上去像巧克力的颜色。"文化大革命"时，这个奖章连同我父亲的银杯和其他奖章，有三十几件全都没了。现在还有一件银杯勺子在。现在很多人提出奥运会第一个奖是我父亲得的，虽然不是一个锦标，但是确确实实的"奖"。提到"姿势优美奖"，应该是早期有记录。当时奥组委请中国武术队在1936年奥运会时进行武术表演，我想当时奥运机构对于中国能够派出这样一个庞大队伍会尽可能地给予照顾。

1932年，陆翔千在他所著的《竞走训练法》一书中，对我父亲竞走姿势的评价是"动作像教课本"。书上展示竞走的优美示范动作时，大量地用了我父亲的照片。

一般竞走是前后摆臂，但我父亲自己创建一套规范，在冲刺时，他改成左右摆臂。他认为左右摆臂反而能够增加他的速度。从现在科学训练来讲，这样对不对，我不清楚。但这样就认定我父亲姿势优美。

奥运会没有出成绩，这是我父亲最遗憾的事。那时候能参加奥运会是很大的事，哪怕到现在运动员能参加奥运会也是很光荣的事情。那时能够参加奥运会是一个热爱运动的人的最高荣誉。

我父亲因为在太古洋行工作，是语言通，比较喜欢交友，跟足球队的李惠堂、游泳的杨秀琼也有很多照片。他最初在太古洋行是仓库

周余愚和盛毓邮（右一）、盛毓度（左一）合影

胡蝶夫妇赠送的结婚纪念照（后排左一为周余愚）

总管，1936年时，已经做到了太古洋行高级管理层位置。到20世纪40年代时，很多报道写我父亲是华董，他在华人中职位很高，用现在的话来说仅次于一、二把手。因为太古洋行当时总部设在上海。在奥运休会时，太古洋行邀请我父亲访问英国太古总部，有乐队在车站迎接，这是因为这位员工为它带来荣耀了。奥运会还有个小插曲，当时在英国读书的盛宣怀嫡孙盛毓邮，也就是盛毓度的哥哥，他专程从英国赶到柏林，去看我父亲，拍了很多照片。

我父亲有很多好朋友，他跟胡蝶关系非常好。1935年，胡蝶结婚时，我父亲做傧相。1935年，梅兰芳应苏联文化协会邀请到莫斯科和列宁格勒等地演出，胡蝶也随中国电影代表团参加莫斯科国际电影展，这时碰上了卓别林，但跟我父亲还没有什么关系。因而我估计，我父亲可能帮胡蝶写过一封信或者代胡蝶写过一封信等。那么，我父亲才知悉卓别林要访问上海，他是嘉宾之一。现在报道说我父亲充当翻译，其实那个时候他们有专职翻译。

卓别林到上海后,一定要看梅兰芳的戏,但梅兰芳没有演出;我父亲就推荐他看马连良的戏。卓别林就看了马连良的一段折子戏。他们就是这样一个关系,实事求是地讲,说我父亲促成卓别林访问上海是加油添醋杜撰出来的。

五、晚年积极参与祖国体育事业

1949年时,上海已经解放,当时上海市教育局体育处出面到太古洋行借我父亲筹办"上海市体育总会",去了大概两三年。之后太古洋行解散,我父亲就分到上海港务局了。

我父亲一直认为他不是做体育工作的人,体育是业余爱好。太古洋行被上海市人民政府接管,与圣约翰大学一样。当时就是说,假如说你读法律,就留在华政,读新闻就分到复旦。你是读金融,那么就分到什么地方去。太古洋行被港务局接管,就到港务局去。我父亲后阶段没有从事体育相关工作。后面东北方面竞走搞得比较好,请我父亲去讲过几次课。因为我父亲虽然搞过体育,对他来讲毕竟是业余的,他的体育理论基础也不够好,他能够去做的,也就是做一些示范和动作指导等。

他在20世纪60年代退下来,依然关心体育。他经常跟我的一些朋友、他的一些同学等聊天,也会分享他当时非常开心的事情,毕竟他参加过奥运会,万国竞走比赛拿到了中国的第一个冠军。

他身体一直很好。到87岁过世。那个时候的87岁不容易。我母亲70岁过世,后阶段,他一直在东京,跟我住在一起。1992年,上海举办东亚运动会,上海市体育局发函

周余愚的上海市体育会筹备会工作人员证

周余愚积极参与北京申报 2000 年奥运会（右二为周余愚）

邀请我父亲做特约嘉宾，我父亲就回来参加了东亚运动会开幕式。

1992 年，当时政府组织一大批体育界的老前辈，请大家参观体育馆场地设施的建设，主要是希望借这些体育界元老制造声势，支持北京申办 2000 年奥运会，但这次没有申办成功，对我父亲来说也是一个非常大的遗憾。

我父亲于 1992 年回国后，再没有去东京。他在 1993 年时，检查出身体不好，一直到 1994 年过世，就一直在上海。我父亲在 1992 年被聘为中国体育博物馆奥林匹克运动研究室调研员，并把他的一个照片资料捐给了中国体育博物馆，也有部分捐给了上海体育博物馆。

我父亲在 1956 年 48 岁时才养我，养得比较晚。他是一个非常正派的人。应该说，体育是他一生中最荣誉的东西，不管他有多少朋友，不管工作做到多大的

周余愚捐上海体育博物馆的 1936 年第十一届夏季奥运会号码布

中国体育博物馆颁发给周余愚的聘书　　中国体育博物馆为周余愚颁发的荣誉证书

位置，都跟体育分不开。他讲了一段非常好的话，说当时的人为什么能做到热爱体育，为中国体育贡献出这么大的力量，因为他们这一代人都凝聚了自己对民族复兴的渴望。这一段我父亲讲得非常好，他就是这样子的人，他为中国体育事业能够倾尽所有，贡献出去，比如卖房子、出钞票来捐助运动员，创办白虹田径队，创办中华竞走协会等。

我父亲以前也跑过中长跑。现在很多地方给我父亲定了一个"体育家"头衔。我认为"体育家"不单单是竞走这一个项目，应该是对中国的体育事业作出一定贡献。比如说，他也发起组织过中长跑，从上海到苏州越野跑就是他创办的。也组织过白虹田径队，这是个非常大的运动队，还创办过中华竞走协会等。包括我们2002年申奥。中华人民共和国成立后，他被沈阳体育学院、上海体育学院（现上海体育大学）请去讲课。可以说，他为中国的体育事业作过一定贡献，所以百度上可以查到对他的评价是用一个"体育家"。我认为是比较恰当的称呼。父亲过世时，《解放日报》《文汇报》《新民晚报》等都以不同形式发布消息。新闻稿上的评价还是非常高的。

口述采访者：袁念琪、汪珉、李东鹏、李磊等

本文整理者：李东鹏、袁念琪

扫码观看视频

洪南丽

开心老太的摄影之路

采访时间：2022年9月9日
采访地点：上海体育博物馆
访谈对象：洪南丽

SPORT
Sport
Win!
be strong
#1
run
SPORT
Sport

洪南丽

> **整理者按** 洪南丽，女，1938年出生，著名体育摄影记者。曾是上海女子体操队队员、教练员，1979年后成为一名体育摄影师。她拍摄了许多经典照片，如《范大将军》《双飞燕》等，见证了上海体育的发展。2018年举办个人摄影40年影展《开心老太·感动瞬间》。

我是1938年7月份出生的，中学就读于市二女中[1]，那时市二是重点学校，考上并不容易。在市二女中上初中的时候，我们班里有一个从武汉转校过来的同学，她非常喜欢体操，我们就跟着她玩，应该说是她引导我走上了体操这条道路吧。我们几个要好的同学一起报名参加了上海体育馆的业余体操训练班，上海体育馆位于现在的陕西南路淮海中路的路口[2]。当时每个星期训练几次，我们下课后就从永康路的市二女中赶到上海体育馆去训练体操，比如翻跟头、头手倒立等动作。业余体操班就在上海体育馆看台下面的一个空间内训练。我们觉得非常开心。

---

[1] 上海市第二中学，前身为务本女中，成立于1902年。1952年，学校改名为上海市第二女子中学。1967年，改名为上海市第二中学，开始男女生兼收。
[2] 即中华人民共和国成立后的上海市体育馆，1975年改为上海市卢湾体育馆，1997年，卢湾体育馆迁到现在的肇嘉浜路地址。

一、与体育结缘：成为一名体操运动员

1953年，上海举办第一届市运动会①，其中有体操项目。我们的教练就帮我们报名去参加比赛。我们也不太了解市运会的规模，稀里糊涂地就去比赛了，比赛完以后，我也没多想。哪知道，不久我爸爸看到《新民晚报》上登出体操比赛的成绩，我竟然得了一个中学组高低杠冠军和全能第五，还奖励了一个小奖杯。

此后，我就开始走上了体操的道路。凭借得冠军的成绩，我被吸收进上海市学生体操队。那时的学生体操队，需要每星期一次在体育俱乐部（现体育大厦）4楼练功房训练。由我们国家最有名的两个教授，董承良②老师和傅昭容老师来指导我们。我们还到学校、基层去表演体操。1955年12月份，我被挑选进上海体操队。但很不巧，在1957年5月份，我被查出来患了类风湿关节炎，医生说：不能再练体操了。我们单位的领导得知消息后，就把我送到国家体委在北京举办的全国第一届体操教练员训练班去学习。原本去进

年轻时的洪南丽

---

① 上海市第一届运动会（上海市运动会），又称首届人民体育大会，1953年5月30日在虹口体育场开幕。
② 董承良（1916—　）江苏省宜兴市人，上海体育学院体育理论教授。1936年毕业于上海东亚体育专科学校。曾任国立体育专科学校副教授、上海市技巧运动研究会总干事。1949年以后历任上海东亚体专、华东体育学院教授，上海体育学院体育系主任、教授。曾任上海市体操协会副主席，上海市政协常委，国际级体操裁判。多次在国际和国内大型体操比赛中担任总裁判长。

修班学习的应该都做过教练，而我一天教练也没有做过，领导还是让我去参加了。第一期是苏联专家伊万诺娃担任我们的教练，我算是班里最小的学员了，也没有教练的资历。但我学得很努力，考试成绩也很优秀。在北京学习了3个月后，没想到我的类风湿关节炎好了。因为到北方之后气候改变了，北京很干燥，这个毛病就好了。于是我回来后，又重新做运动员，同时我利用业余时间，比如下午、晚上，在上海的业余青少年体校体操队做教练。那段时间是既做运动员，又做教练员。

过了不久，组织上就任命我担任女子体操队的教练。突然就让我做了教练，而且教授对象就是与我平时一起训练的队员，都是在一起的姐妹们，而且她们的成绩比我还优秀，我心里没有底，但她们都很支持我。从全国来讲，我那时算是比较年轻的教练。1965年前后，捷克体操队来华访问，他们在世界上是比较强的队，我担任了中国青年队上海站的教练。

1985年，我考了国际体操裁判，被批准为体操国际级裁判。1990年，国家体育总局让我带队去参加在意大利卡塔尼亚举办的国际女子体操邀请赛，那是一个很有名的国际赛事，举办了很多年，参与国家很多。当时大会给了每个代表团4个名额，除两名运动员外，还有两个名额，可以是教练、领队或裁判等。教练是必须的，因为要带队员比赛。当时教练是王群策，也就是现在国家体操队女队的教练，他带过很多有名的运动员，那一次也是他第一次出国。那么还有一个名额，就是我一个人兼团长、翻译、裁判，一人身兼三职。我外语是通过英语广播的初级班、中级班自学，闲暇时便一直在学习。上面觉得我有这个能力，但我非常紧张，因为我参加过一次国际活动，是在1986年跟着国家体操队，赴美国担任中美体操对抗赛的裁判，知道国际比赛的基本流程。把这个重任给我以后，我很焦虑，我

洪南丽（左一）带队在意大利参加比赛

一个人怎么担起这个重任？但我觉得他们对我都特别支持，例如国家体操中心的张健主任（李宁的教练）等，这是第一次从地方上选人来做这样的工作，尽管碰到很多困难，但是我们团结一致，得了一个冠军、一个第二名……该拿的名次我们都拿了，圆满地完成了任务。回来后，国家体委也对我们进行了表扬。

由于体操国际裁判每四年要考一次，我后来就没有再去考。因为摄影工作繁忙，与体操接触的机会越来越少了。但我还可以去做裁判，因为我有优势，又做裁判，又可以拍照。体操就是我拍摄的项目，别人进不去的地方，我可以进去。我把照相机放在边上，有空我就拿起来拍，单位也比较支持。

二、走上体育摄影之路

我们那个年代，工作都是由组织分配。我退役后，曾被动员回体操队担任教练，但我觉得我的体力和年龄已经跟不上体操的发展了。后来就把我分配在市体委的竞赛处，分管体操。在竞赛处时我做成了一件大事，就是筹备在上海举办的我国第一个国际体操邀请赛——1978年上海国际体操邀请赛，当时科马内奇①等都来参加了。筹备前期，我到北京国家体委体操处去找材料，晚上就在旅馆抄写这些材料。后面开展筹备工作，我在总记录处编排次序册、成绩单、总成绩册等，一个差错都没有。为了总成绩册的校对，我整夜留守在印刷厂。这件事，我自认为是做得不错的。

爱上体育摄影，也与我的工作需要有关。我记得在1979年一天的上午，体委人事处的领导找我谈话，要把我工作调动到摄影组（当时是体委宣传部摄影组）。谈话后的第三天，原来摄影部的张其正老师、沈惠章老师，就把我的办公桌从竞赛处搬到了摄影部，我的工作调动就完成了。拿到相机后，我就开始了体育摄影之路。

那时摄影部就我们三个人。我去了以后，大家分了条线。我分到三个大项，体操、篮球、田径，还有一些小项，如羽毛球、击剑、网球等，大家各跑各的线。我第一次拍摄是在江湾体育场，张其正老师带我去拍击剑。他选好角度，并且自己先去试过，之后叫我去拍。但我还是犹豫半天，不敢摁快门。他说："你摁啊。"我不敢摁下去。现在想想很简单，那时候就那么紧张。

还有一项工作是把我们三个人拍的资料进行整理。因为要把底片放成像火柴盒那么大小的照片，贴在本子上并编号，每一张底片的底片袋要编号，需要花费很长时间。什么时候拍的，谁拍的，运动员的名字都要写清楚。我除了完成拍摄任务外，经常利用星期六、星期天到单位加班，做小样照片。那段时间整理资料的经历对我来说很宝贵，我学了很多东西。因为当时每个人拍的照片都在底片里，不像现

---

① 即纳迪亚·科马内奇（1961— ），罗马尼亚女体操运动员，是世界体操史上的著名运动明星。

在数码设备，直接就能看到画面。通过给他们做小样，我就可以看到他们拍摄的成果，他们怎么拍的，为什么这张照片是好的。实际上就给了我一个很好的学习机会。

三、第一次拍全运会的经历

1979年2月，我调到摄影部。9月份第四届全运会在北京召开，通知让我去拍摄。去的时候，我带了一大箱子的摄影用品，一包一包配好的药粉、冲洗罐，等等。我的任务是要把我们上海队在北京比赛的各个项目的冠军全部拍到，这就需要提前做很多准备工作，包括哪些项目中有希望夺冠的运动员，都要了解清楚。另外要把他们在全运会的比赛时间地点，从秩序册上找出来。我将这些信息都列成表格，便于查找。

当时去了很多记者，由于组委会提供车辆有限，我是一个新兵，没有派到车。我就得把大会所有的交通路线、行车时刻都记下来。例如，羽毛球刘霞有机会夺冠，我就要根据她的比赛时间，查相应的班车时间和路线，所以这些案头工作都要做得特别细致。有一次太疲劳，我坐在车上睡着了，该换车的站错过了，醒来以后，急忙换车。那天羽毛球比赛在体操馆三楼。我拼着命跑，跑到三楼，正好拍到刘霞最后一个击球，总算没把这个全国冠军漏掉。田径4×100米接力，我冲进田径场时，比赛已经开始了，我就争分夺秒拍了最后一棒。那一次全运会确实比较艰苦，但我自认为还是比较出色地完成了任务，把上海的冠军都拍到了。

照片拍摄完毕，晚上我还要冲洗照片。第二天清早，把片子送到解放军报社。片子便会随着报社板样的邮包，当天中午到达上海，沈惠章老师拿到底片立即去放大，人民公园的"体育画廊"当天下午就贴出最新的照片了，非常有时效性。全运会期间，我住在上海女子垒球队的房间里面，在门口搭了一个行军床。为了不打扰她们的比赛状态，晚上她们睡觉了，我就轻轻地跑到厕所间冲片、选片，在里面把所有的事情都做完。第二天一清早，她们还没醒过来，我要赶在《解放军报》邮包邮走前赶去报社。当时每天基本上只睡三四个小时，累得有点脱发了。我对那段经历的印象很深，我也很珍惜有这样的锻炼机会。

四、一些印象深刻的摄影作品

我独立拍摄的第一张照片是在沪南体育场的一场小型足球比赛，那场足球比赛本身无关紧要，我就去练练手。我的镜头只有90毫米，焦距不够长（现在拍足球一般用300毫米以上的镜头）。我坐在球门边上拍，自己觉得动作是拍到了，遗憾的是曝光不够。我用了《大众摄影》上介绍的方法来冲洗照片，用1∶1，D76显影了45分钟，正常的话原液显影八九分钟就可以。冲出来后，感觉片子内容还可以，就是颗粒很粗，但是我正好拍到了《门前的险情》。

《门前的险情》（洪南丽摄）

《巅峰对决》(洪南丽摄)

我拍过许多让自己满意的照片，很难取舍哪一张最好。比较满意的如姚明与王治郅的《巅峰对决》。因为当时他俩正处巅峰期，互不服输，都想战胜对方。我曾拍过很多他们两个在一起比拼的镜头，但都不满意。最后我就想在跳球的时候拍，因为王治郅是左手，姚明是右手。他们两个正好面对一个方向，如果两个人都是右手，就会有一个脸对我，另一个背对我。那一年我一共有4次机会，主客场各两次。在4场里面，我拍到的一张球正好在中间的照片，这比任何他们拼抢的那种镜头都要好。

我很喜欢的一张是马艳红的《双飞燕》。在体操照片的画面上一般都只有一个形象，我就想能不能有所创新，那一年正值世界体操锦标赛在北京举行，汇聚了世界上的体操好手，我就想怎么能拍出与众不同、有新意的体操照片。我到位于吴兴路的体育科研所[1]，查阅了很多苏联的体操杂志，从中看到一张照片里有两个形象，我就想试试看。正好我对中国运动员的体操动作非常熟悉，马艳红那一套动作上来是什么，后面接什么我都很清楚。我觉得可以把她的上法和后面的"特卡切夫"[2]同框，正好两个动作脸是一个方向，可以把两个不同的

---

[1] 上海体育科学研究所位于徐汇区吴兴路87号，成立于1959年12月，是以应用研究为主的多学科、综合性的体育专业研究机构。
[2] "特卡切夫"是一种体操动作，由苏联体操运动员特卡切夫创造。

《双飞燕》（洪南丽摄）

形象放在一张照片里。不巧的是，那次出差前，在单位大扫除时，我不慎从窗台上掉下来，导致右手手腕骨折，并打了石膏。领导原本建议我不要去，我说："我还是要去的，好不容易有这个机会，你们放心，我会照顾好自己。另外，我做过运动员，我不怕这一点。"后来在北京，我是右手打了石膏，端着照相机拍的。马艳红的《双飞燕》，我用了两次曝光拍，当时还是胶片时代，拍一张照片按一次快门，需要上快门卷片，才能拍第二张，相机得端稳，不能有高低移动，但我做到了。我特别喜欢这张照片，因为下了苦功，而且是在手腕骨折打石膏的情况下创作出来的。

五、《范大将军》与《萨马兰奇在想什么》的创作过程

《范大将军》那张照片摄于1995年，原本申花队没有夺冠的目标，徐根宝有次突然跟我说："我们队现在形势很好，有希望冲冠。

《范大将军》(洪南丽摄)

我跟范志毅已经达成了共识，我们一起努力来冲冠。训练的时候，你可以多来拍一点。"那时候去拍训练，不像现在限制只有15分钟，只要你愿意去，随时可以去。自从徐指导跟我说了后，他们每次在虹口足球场训练，我都会去，而且从头拍到底，就觉得他们要夺冠，我得多拍点好东西。范志毅是我主要的拍摄对象，因为那时他的人气很高。有一次，就是突然一瞬间看见他站在那儿，把衣服撩起来一点，那个神情很霸气，像是要夺冠的样子，我就拍了下来。

他也没在踢球，也没在拼抢，但是他神态出来了，第二个人出不了这个神态。为了这张照片，我还特意请文字记者帮我起个名。他说用"舍我其谁？唯我彭大将军"。"你改成唯我范大将军。"后来我把"舍我其谁"去掉，这个词太霸气了，我尽量给他减少压力，所以就用了"唯我范大将军"。没想到这张照片会有这么好的效果，那么多人喜欢，一直流行到现在。范志毅爸爸生前每次见我，都会对我说："你帮我儿子拍了一张好照片，谢谢你。"他儿子因为"范大将军"被叫红了。我跟他讲，我说："范志毅爸爸，不是我把范志毅捧红了。而是范志毅把我这张照片捧红了，因为他的气质、他的霸气，我这张照片就有生命力。"我也从中悟出了一个道理，就是说我们摄影记者跟运动员的关系，绝不是我捧红了哪个运动员，而是运动员让我们的照片有了生命力。所以，我跟各个条线的运动员，包括那些很有名的运动员，都处得很好，因为我尊重他们，是他们给了我们拍好照片的机会。

神态是摆不出来的，人物瞬间闪现的表情需要靠摄影师的敏锐去捕捉。我喜欢的还有一张——《萨马兰奇在想什么》。1993年第一届东亚运动会召开时，时任国际奥委会主席萨马兰奇来到上海，在上海体育馆参加新闻发布会。我在东亚

《萨马兰奇在想什么？》（洪南丽摄）

运动会的宣传部工作，就想拍一张与别人不同、可以一直流传下去的照片，不仅仅是为了新闻而发。我进会场后发现我是最后一排，因为只有一个通道，都坐满了人。我就从最后一排，一直往前挪、挪、挪，终于挪到第一排后面。每挪动一个位置，我就说："I'm so sorry."（"不好意思"）因为很多外国记者嘛，他们在记录时，我赶快挪动一下。那时有个很敏感的话题，第二年要审核中国举办奥运会的资格问题。现场有记者就这个问题提问，萨马兰奇拿着一支黄色的长城牌带橡皮的铅笔，正好压在嘴唇上，思考怎么回答。我觉得这个时候是最佳的，因为黄色搭配很好，另外长城牌铅笔体现他在中国。所以我拍了一张大特写照片。第二年申奥的时候，新华社用我这张照片，做了申奥杂志的封面。那年我们申奥虽然没有成功，但这张照片能发挥作用，我也很高兴。直到现在，萨马兰奇这张形象照还是得到认可的。所以我觉得，一张照片，要能一直留下来，一直可以带给人回忆，这才是一张好照片。

六、照片背后的一些趣事

为了拍摄这些照片，我也经历了很多趣事。有一次国家篮球队集训，莫科的脚踝在训练时受伤，姚明便把他从训练场背出来，一直把莫科送上车。等我发觉的时候，他已经上汽车了，我很后悔没有拍一张照片。但我想，莫科下车的时候，估计姚明还会背他。我就抢在前面，早早地站好了位置，果然姚明又背了莫科，把他背到宾馆里面。但我估计不足，姚明两米多，莫科也两米多，两个高个子的人叠在一起，我的广角镜头包不下，退得不够远。一犹豫，我就只拍着一个侧后影。但是姚明手上那个红绳子，还能辨认出是他背着莫科。所以我觉得，凡事做有心人。两个那么高的人叠在一起很少见，也反映了姚明的高素质。一张照片可以让人有很多感悟、启发。姚明之所以会成为姚明，就跟他有很多好的品质以及良好的素养分不开。

姚明背莫科的瞬间（洪南丽摄）

还有两张是别人拍摄的当时的申花队队长莫雷诺两次把我抱起来的照片，我很得意。因为我平时拍照、采访，喜欢坐在发角球的位置。莫雷诺跟我很熟悉，多年来，他一直看我坐在那个位置上。我们关系也比较熟了，曾经他跑到发角球的地方跟我说："好累啊，真的好累啊。"下面这张图片，是他在等发角球的间隙与我讲话。

足球运动员莫雷诺与洪南丽交谈

  2017年，申花获得足协杯冠军的那一年，当时记者都在场上追球员，满场飞奔，我被一个年轻的记者撞倒在地上。那时很危险，大家在场地上跑，撞我那个人自己也不知道，幸好被一个球迷看见了，把我扶起来。我站着没动，因为我还得缓一缓。莫雷诺过来了。他看见我，说："啊？你在这里啊？"他一下就把我抱起来了。这一抱，顿时所有的记者都围过来。我觉得这个事情很开心，也没想到会突然有这么好的一张照片。

  第二次是2019年，申花再夺足协杯冠军，我已经跑不动了，就慢慢地移动。莫雷诺正好跑过，其他球员也是跑东跑西地欢呼，他看见了我，"哦？你又在啊？"他就一下子像公主抱那样把我抱起。第一次把我举起来，第二次又抱起来。所以他抱了我两次。人家说："你好开心啊，队长把你高高抱起……"我真的很开心，真的没想到。后来好多人都把拍的照片发给我，感谢我的同行们！要不然，我就错过记录这个人生高光的时刻了。

2017年足球运动员莫雷诺拥抱洪南丽　　2019年足球运动员莫雷诺拥抱洪南丽

七、摄影作品走向国际

我的摄影作品《争夺的瞬间》在上海摄影家协会举办的国际摄影展上获得了三等奖。后来协会是选取一批作品送到香港，我就入选了香港第十九届摄影沙龙。当时能够被香港方面选中，真的很开心。

我还有一幅比较满意的作品——《龙舞》。那一年，在上海体育馆进行市运会开幕式排练，我知道有舞龙节目，就去了。一直以来，我就想拍一条不一样的、有生命的、独家的"龙"。因为拍龙的照片实在太多了，都很相似。我就试用一个弧形追随法去拍，让画面上的整条龙感觉都在动，我成功了。那条龙就像一个绚丽多彩的、翻倒了的染缸，颜色很鲜明，动感也很好。我觉得照片里像是好多条龙在跳舞，就给它取名《龙

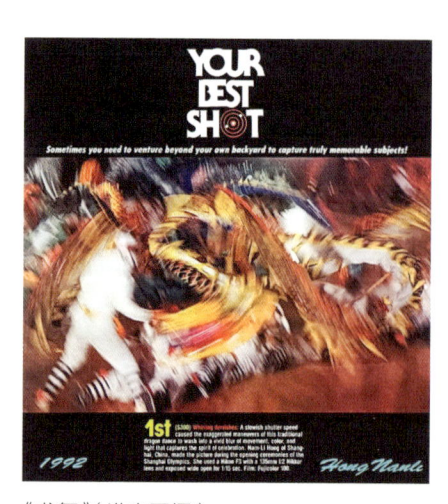

《龙舞》（洪南丽摄）

舞》。直到现在为止，没有一条"龙"题材的作品与我一样的。

摄影的老前辈们建议我"你投美国《大众摄影》试试看"。因为投稿需要写英文说明，我没有这个水平，摄影专业的用词也不会。摄影家协会的副主席、新华社摄影部主任夏道陵先生（曾任新华社驻英国记者）是很有名望的摄影界前辈，他说："洪南丽，我帮你。"后来在他家里，他帮我用英文写了参赛所需要递交的材料，包括图片说明和拍摄技巧。寄到美国后，我自己没抱希望，因为平时也看不到美国的《大众摄影》杂志。没想到一个月以后，我弟弟告诉我，我获得了金奖。我弟弟那时在美国留学，我给美国《大众摄影》留了他的联系地址。这件事全靠老前辈们的推荐、引导，特别感谢夏道陵先生。

八、摄影生涯中的惊险时刻

在摄影生涯中，我也遇到过比较惊险的时刻，有次挺严重的。那是在拍短道速滑世界杯比赛，范可新是我国一位优秀的女运动员。我就想拍一张干干净净的范可新的大特写。我就站在由一块块海绵围起来的保护墙的后面，那时海绵不像现在一样都连起来，不怕冲击。如果运动员摔倒，撞到海绵后就会像闸门一样被撞开。那天我太专注了，想拍到范可新的好照片，我没有注意到一个美国运动员摔了出来，强大的撞击力把海绵撞开，我也被撞出了差不多两米。幸亏我练过体操，知道自我保护，所以在往后摔的同时，我就圆背、含胸、低头，把脑袋缩到身体里面，胸口抱着相机，想着相机不能摔。摔出去确实很疼，把很多人都吓坏了，都说一个老太摔下去了。他们都想来拉我，我练过体操，我的本能反应是你们现在不能碰我。我躺在地上，有几分钟的时间，我手脚动动，腰动动，感觉没有骨折，可以起来了。我就说："你们帮我拉起来吧。"我觉得很对不起办赛事的大会，他们还写了一个事故报告，有记者现场摔出去，他们也很担心我

短道速滑运动员范可新（洪南丽摄）

的情况。虽然当天夜里浑身痛到无法入眠。但第二天，我想我还是要去现场。我如果不去，他们肯定着急，这个老太摔得怎么样了？我去得比较晚，他们一看见我，就说："老太来了，老太没事。"大家都很高兴。我觉得摄影记者都希望可以拍得再好一点，不知不觉就把自己逼到了危险的境地，这次就是我太专一了。当我站起来后，我第一件事情就是看相机，是否拍到范可新了？一看拍到了，我就高兴了。

此外，20世纪80年代在嘉定进行田径的竞走和马拉松比赛，我喜欢蹲在马路中间拍运动员。我人小，个儿又矮，那时候喜欢穿黑的，在马路上不被人注意，差点要被撞到，因为镜头不够长，只想着再拍得近点，拍得再大点。从那以后，我就觉得我得穿红的，这样蹲在那儿显眼，别人看到我可以回避，朋友们开始都说我喜欢穿红色衣服。

还有一次拍足球比赛，那天下小雨，我坐在球场的底线后面，撑着伞在拍照，运动员突然冲过来，我本能的反应就是把伞往下一拉，蹲在地上了,那位运动员就从我上面跳过去。这一幕被电视转播出来,很多人说:"我们都被你吓坏了,万一没有跳过去,砸在身上怎么办?"但要想拍好照片,没有危险是不可能的,这就要求自己有防范意识,多加自我保护。

九、关于举办个人影展的记忆

我的第一个体育摄影展"美妙的瞬间"在1991年举办。起初我并没有影展这个概念,身边有个老师鼓励我:"你可以去办个摄影展,体育影展还没有人举办过……"他不光鼓励我,还帮我思考、选片。摄影展举办地就在静安区文化馆。现在上海摄影家协会的主席、中国摄影家协会的副主席雍和老师,那时候在《青年报》任摄影记者,他们都说他黑白放大技术特别好。我跟他也不太熟,也不知道哪来的勇气,就猛然地找到他说:"雍和老师,您能帮我放大照片吗?我要搞影展。"他二话没说,就同意了。他帮我向那时大世界内的青年摄影协会借了他们的暗房,用了一天时间放大照片。雍和帮我做完,晚上临走的时候,才告诉我说:"我得赶快回去了,我女儿发烧,今天都在家里。"我想想就是他们都对我那么好,我这个人很幸运。那一次影展,还有当时摄影家协会主席黄绍芬[①],我跟着一个老摄影家去黄主席家里,邀请他参加我的影展,另外请他题了词,我的摄影展是黄主席给我题的名。办展时我也没有费用,结束后也没有请大家吃饭。但那次影展,摄影家协会方方面面的领导都来了,我确实很感动。最后举办了一个很俭朴的摄影展,据说当时全国也没有个人办体育摄影展的。

---

① 黄绍芬(1911—1997),笔名黄克,是著名电影摄影师,代表作有《女篮五号》《林则徐》《聂耳》《霓虹灯下的哨兵》等。中华人民共和国成立后,历任上海电影制片厂总工程师兼技术办公室主任、上海市电影局摄影总技师、中国摄影家协会第三和第四届理事、中国摄影家协会上海分会主席、上海市文联副主席、上海市摄影家协会主席、中国电影、电视摄影师学会第一届名誉会长。

"美妙的瞬间"——洪南丽体育摄影展
（图片来源：上海音像资料馆影像资料截图）

我的第二个摄影展是在我70岁那年，我就想我70岁了，以后可能不大有机会摄影，就搞个总结吧。当时选了星光摄影城，摄影家协会前副主席任洪良是上海市摄影家协会星光摄影分会会长，创建星光相机博物馆。我就跟他去商量，他们把7楼的影展区免费借给我。范志毅、朱广沪、朱建华、徐根宝、李秋平等很多人都来了，挤满了星光大楼，我很感动。影展主题叫"风雨同行"，寓意在体育这个领域里，我一直在追赶。虽然影展很简单，但还是很热闹和成功的。特别是每次我请电视台体育部的记者，他们总是一口答应。我感谢所有支持我的人。

第三次影展大概相隔一年多，在文新报业集团。他们有一个系列，专门给老同志举办影展。我看到影展也很羡慕，但是我不是他们系统里的人，也没有去问。突然有一天，文新报业集团负责摄影活动的领导找到我，说："洪老师，你愿意我们帮你搞一个老同志影展吗？"我说："我当然愿意了，但是我够不够格啊？人家老同志都是很棒的，有很多经验，我是半路出家的。"他说："可以啊，只要你愿意，我们帮你搞。"第三个影展主题是"我们记录历史"，在文新报业集团的大厅里面。那次我最省事，只要把片子提供出来，他们负责选片、放大，包括布置等。我给他们请柬名单，他们发请柬。我是一身轻松，不像前两次都要我自己操心。

  2018年的"开心老太·感动瞬间"是我的第四个摄影展，应该是最后一次，由东方网股份有限公司主办，源深体育场等方面承办。我很省心，也有点遗憾。很省心是确实要感谢源深体育场，他们出钱又出力帮我举办了展览。原计划是在体育馆比赛楼走廊一圈做展览，后来他们觉得气氛不够，改到足球场的大厅。那几天正好没有比赛，没有活动。他们出了很多力，放大、布置，都是专业的。我的好朋友沈琳是总设计师，设计版面、板块、照片大小、布展，都是他统一指挥。那次很气派，因为不愁钱了。唯一的遗憾就是开幕式那天，我的摄影集没能够出来，本来想给大家作为伴手礼带回去，但没来得及，申请书号也没来得及。后来由沈琳总策划，在东方网的朋友们的大力帮助下印制了没有书号的40年摄影集，算是遗憾吧。那次影展，王治郅从北京赶来了，另外李秋平、潘晓婷、胡荣华、单霞丽等都来了。

"开心老太·感动瞬间"影展

十、感悟：摄影是脚踏实地的活

摄影看上去是快门咔嚓一下，很轻快，但在摁下快门前要做很多很多的铺垫。这其中有许多个人不知不觉的经验积累，也要拍摄者有主观意识。例如，我在北京拍摄全运会，我有意识地做了很多案头工作，才能保证我一个冠军不落。摄影需要脚踏实地，一张一张地拍，没有半点虚假。不像文字工作，虽然我今天没到现场，但我在电脑上看、在网上查，拼起来也可以写一篇，就像我已经到了现场一样。但摄影，没去就是没去，后面补不了。另外像足球、篮球比赛，不可能出现同样的动作，瞬间闪现的机会就一次，一晃就没有了。所以我觉得第一是要踏实，要积累丰富的知识。我那时候管不了家，家里都是我先生照管。我经常一个电话就说，我今天不回来了，或者不回家吃饭了。他说永远等不到我吃饭，体育摄影要准备吃苦。此外，自己要有很丰富的知识，包括摄影的、体育的，对体育人物也要熟悉。我就

在足球场上拍摄的洪南丽

是喜欢摄影，我愿意为它付出，它也会实实在在地告诉你，努力了会有收获。不下苦功，那就什么也没有。

我觉得很重要的一点，是要尊重自己的拍摄对象。我的拍摄对象给了我拍好照片的机会，不是我来帮助他们成长，我永远感谢我的拍摄对象。我跟拍摄对象的关系都特别好，都是好朋友。这样你拍他，他也放松，他会把最好的状态都表现出来。如果说你跟他关系不好，硬给他拍的话，就不会释放出美好的神情，会不自主地有保留。我有时候碰到一些运动员，他不太配合，我会跟他讲："你配合我，我拍出来好看的是你自己。你如果不配合好，我照样能拍到你，只不过拍出来不好看，损害的也是你自己。"所以，我觉得我们对拍摄对象要尊重，另外从拍摄对象那里，也可以学到很多东西，对自己也有动力。

和过去比，摄影器材发生了翻天覆地的变化，以前是胶片时代，比较长的镜头就 90 毫米。后来换成数码相机，功能越来越齐全，相机也越来越重。现在又出了微单，佳能的 R6、R5 就轻很多，器材的变化很大，而且拍好马上可以看到，不行的话马上再补拍。以前拍的胶片，得冲洗出来才能知道拍得好不好。现在可以当场联线发稿，拍好就可以传出去，新闻发稿太方便了。以前胶片拍完了回来，我们都要去摄影店加冲，胶卷最高感光度 1600，感光度不够就要加冲，冲完以后，再选片子发稿。我有一次在虹口足球场拍甲 A 联赛四川队和上海队的比赛，编辑急等我回去发稿，但我挤不上公交车，走了一站路后还是挤不上。下着雨，撑着伞，背着摄影大包，就是挤不上公交车，我满脸都淌着水，也不知道是泪水还是雨水。科技进步对摄影记者的要求也更高，必须跟上时代的脚步。就像我 60 岁开始学电脑，现在必须要会这些现代化的装备和技术，才能高效地完成任务。

十一、个人的愿望

我个人最大的愿望是能出一本《开心老太摄影集》,经过几次波折,到现在还没有出。现在书号申请也不是很容易。另外我希望能拍到 85 岁。

我很幸运,处在一个非常好的时代,赶上了改革开放,很多原来没有开展的项目、国际上的项目都进来了,高尔夫、赛马、斯诺克等都源源不断地来到上海。我的体育拍摄内容很丰富,我就有个奢望,没有拍过的项目,我都要去拍。我想我拍的项目要尽可能全面,不要漏掉任何项目。比方说有一次越野汽车赛,我知道越野汽车很刺激,汽车在泥土里面、在水面上飞跃。比赛在市郊奉贤,我跟随江苏的一

洪南丽与采访团队

越野汽车赛(洪南丽摄)

位摄影记者一起去了，我们没有采访证，但还是想去碰碰运气。我从家里到奉贤，单程要两个多小时。第一次举办方让我们进场了，但我们不能在最好的拍摄位置，只能在边上，确实拍不到好的照片。我不死心，第二天一早又赶去了，但这次不让我们进了。我不甘心，就绕着场地外面走了一大圈，寻找拍摄点。最后发现，在赛场有一个铁门，它下面有一条缝。趴在那里可以拍到，正好是汽车从高处冲下来，水花飞溅起来的那个角度，我就趴在地下，从这个门缝往里面拍。拍到了，就开心了，觉得很值得。

采访者：李东鹏、李磊

整理者：李东鹏、苏子玥

扫码观看视频

附录

上海体育名人口述实践与价值意义

李东鹏　鲁宏伟

体育是社会发展和人类进步的重要标志，上海作为近代体育运动进入中国的起点，在开埠后至今的一百多年发展历史中，举办过大大小小的各种国内国际体育赛事。这些体育赛事为上海这座迅速崛起的东方国际大都市在世界面前树立了新的开放形象，体育赛事已经成为显示上海人民精神面貌和地方综合实力的一个窗口，体育文化已成为这座"活力之城"不可或缺的文化符号和城市印迹。同时，上海几代体育工作者、运动员艰苦奋斗、团结奋进、开拓创新，为上海城市建设和体育事业发展作出了积极贡献，他们是上海体育发展史的见证，是讲好上海体育故事的第一手资料。因此，对他们进行记忆采集显得极具价值和意义。

一、为什么开展"上海体育名人口述"：体育强国背景下口述项目的重要性与迫切性

所谓"口述历史"，是指口头的、有声音的历史。简单而言，就是通过笔录、录音和录影等现代技术的使用，进而记录历史事件当事人或目击者的回忆而保存的口述证词。[1]保罗·汤普森在其经典作品《过去的声音：口述历史》中说道，口述历史是一种围绕人民所建构的历史。它为历史本身注入了活力，并拓宽了其视野。[2]

随着口述史的兴起，口述历史越来越受到学术界和社会上的高度重视，相比较档案、文献资料，口述史在还原历史信息方面有独特的价值，特别是"有的线索、有些细节，可能是独一无二的"[3]，只有受访者才能知悉的历史细节，否则就会被"淹没"，或者"石沉大海"，这也是口述研究的价值所在、魅力所在。哈布瓦赫认为"个体通过把自己置于群体的位置来进行回忆，群体的记忆是通过个体记忆来实现

---

[1] 杨祥银：《美国现代口述史学研究》，中国社会科学出版社 2016 年版，第 13—14 页。
[2] ［英］保尔·汤普逊著，覃方明、渠东、张旅平译：《过去的声音——口述史》，辽宁教育出版社 2000 年版，第 24 页。
[3] 上海社会科学院历史研究所马学强研究员访谈，采访时间：2021 年 10 月 25 日，采访者：龙良富、闵祥晓。

的，并且在个体记忆之中体现自身"。① 因此，通过口述形式采集隐藏在田野、民间的各个体的记忆，成为新时代进行研究的一个重要方法和路径。

习近平总书记高度重视我国体育事业发展，多次强调要加快把我国建设成为体育强国。在体育事业发展中，上海始终坚持改革开放，大力弘扬体育精神。为适应新时代的发展需要，全力打响"上海文化品牌"，更好地讲好上海体育历史故事，讲好百年传承的故事，传承宣扬其中蕴含的时代精神和体育精神，以口述历史为切入点，全面回顾中华人民共和国成立以来上海体育事业发展的历史，本项目聚焦于上海著名体育运动员、体育事业管理者、体育学者和社会参与者，进行口述采访，记忆采集，挖掘其中珍贵的体育历史事件，全景式、多视角、多维度地回顾上海体育发展历程，并在此基础上进行研究和宣传，也是新时代讲好上海故事、加快建成全球著名体育城市的应有之意，这是开展上海体育名人口述的紧要性和实践价值。

此外，随着时间不断向前推进，许多中国的第一批运动员、上海体育事业的参与者的年龄渐渐增长。或因为精力，或因为健康，这一群体记忆力逐步衰退是不争的现实。作为许多历史事件的亲历者、见证者，大量未见诸文字记载的珍贵历史信息只存在于他们的脑海中，是一座待开启、挖掘的资料宝库。因此，上海体育名人口述实践的存在具有现实的迫切性。

二、为什么采用"文字整理"和"视频制作"的多维方式：体育口述从记忆采集到传播表达

随着人类社会的发展而变迁，口述历史所具备的口耳相传的知识是人类文明传承进步的重要路径。而且口述历史具有鲜明的跨学科特

---

① [法] 莫里斯·哈布瓦赫著，毕然、郭金华译：《论集体记忆》，上海人民出版社 2002 年版，第 71 页。

性，在研究理论、实践方法、成果呈现、意义诠释等多个方面，必须进行多学科结合方能达成目标。现代口述史学是20世纪中叶在美国率先兴起并发展的研究方法与学科领域，一般将美国著名历史学家、新闻记者阿兰·内文斯于1948年创建哥伦比亚大学口述历史研究室视为现代口述史学诞生的标志。随着历史学"视野向下"的转向，在音像技术的辅助下，以口述历史为主要形式的个人叙事成为建构和留存各类人群共同的集体记忆的手段和方法。

自现代意义上的口述史学传入中国后，在经历了认可、发展阶段后，当下已经逐渐普及，得到各界的广泛认可和使用，具体而言，口述过程一般存在四种形式：（一）口述历史访谈过程的原始录音、录像；（二）经过转录、整理、修订和保存的口述历史抄本；（三）考虑受众市场而几经修改（甚至删除访谈者提问）的口述历史抄本的公开出版物；（四）主要利用口述历史资料作为研究来源的研究性作品。①

当下，史学界和社会学界的学者都重视口述史，并纷纷将口述史引入研究之中，但社会学和历史学的视角截然不同。历史学侧重于将口述史作为一个历史事实的来源，提倡通过"多重证据法"，对口述史料做甄别、比照，考察它的历史真实性，从而对资料做出取舍，在此基础上让历史叙事更加多维、丰富、形象。社会学则把口述史作为观察社会真相的一个方法。对于所搜集的资料，无论是否符合史学上的"真假"标准，都可作为一种精神层面的"社会事实"，在涂尔干的理论中，就是集体表象和集体意识。② 由于记忆的特性，需要及时对运动员或决策者进行记忆采集，以保留最鲜活的历史。法国学者皮埃尔·诺拉提出了"记忆之场"的概念，认为"记忆总是当下的现象，是与永恒的现在之间的真实联系；历史则是对过去的再现"。关

---

① 杨祥银：《美国现代口述史学研究》，中国社会科学院出版社2016年版，第16页。
② 刘亚秋：《口述史方法对中国社会学研究的意义》，《学习与探索》2021年第7期。

于体育的记忆,是一代人的记忆之场,来自口述者亲历的事实陈述,往往有激发作用,而且还是有价值、可以利用的原始资料。而中华人民共和国成立来的一大批体育事业参与者,见证了体育事业的发展、改革,对他们进行历史记忆挖掘更显迫切,希望为社会留下活化的历史记忆,这也更凸显出进行口述采访的价值。

上海体育名人的口述采用"文字整理"和"视频制作"的方式,一方面通过影像和声音的结合,记录对当事人的口述采访,以直观的方式,最大限度的将鲜活、生动的历史记录下来。另一方面,由于人的记忆具有强主观性,需要对口述者讲述的历史事件进行核实、辨析,需要以文字形式进行口述整理研究,最终以公开出版的口述文字成果的形式向社会推介,成为体育记忆的重要组成部分。第三,上海体育名人口述的采访视频,将会进行整理、加工,制作成长、短两种长度的口述访谈片,片中穿插与访谈人物相关的珍贵历史影像、历史事件影像素材等,让口述访谈片更具史料性、可看性。在今天,以视频为要素构建的沉浸式体验、实时交互、远程操控、数字孪生、虚拟人等新应用层出不穷。信息技术、数字技术的飞速发展,使整个社会的表达呈现出明显的"视觉转向",用影像视频记录历史、表达历史,成为大趋势。历史影像与口述史的结合也为创新体育记忆的表达方式,提供了新路径。

三、关于上海体育名人口述的实践路径探索

熊月之认为历史信息的呈现有存量与增量之别。所谓存量,是指那些业已存在于档案、形诸文字、见于记载的信息。所谓增量,是指通过口述主体(包括口述者与笔录者)的创造性劳动,将那些存储于人们记忆当中、尚未表达出来的信息表达出来,化为历史研究者可以使用的资料。创造历史信息增量的过程,是一个目的性、专业性都

很强的系统工程,口述主题的拟定、访谈对象的选择、访谈成果的整理,都直接影响着增量信息的质量。[1]在历史阐释的发展过程中,能够把各个彼此孤立的生活领域联系起来的能力是口述史天生的力量。[2]在当下,口述历史被用于挖掘、呈现那些历史上少有文献记录或文献记录有缺陷的普通人物、边缘群体、弱势群体的生命经历和历史记忆,这是以往历史研究、社会研究所忽视的一个重要方面。如何让口述历史成为后世研究的重要资料来源,是我们在进行上海体育名人口述采访和整理时,考虑的一个重要方面。

上海体育名人口述由上海市体育宣传教育中心和上海音像资料馆共同合作,采用历史学、社会学以及影像学等跨学科的合作方法,通过"田野调查",边采集、边制作、边播出,稳步推进项目有序进展。按照口述史采访的要求,做好录音记录、影像留存、照片拍摄及采访表填写和口述者签名等原始资料归档整理工作。同时进行数字化保存,建立口述史影像数字档案。以口述采访为基础,辅以历史影像资料,选取上海体育历史纵贯线,以大事件为坐标,以历史揭秘为特点,完成《时间的赛场:上海体育口述历史》这一专题体育名人口述采访视频制作,形成一批可供互联网传播的微视频,讲好上海体育的故事。本项目的目标一是构建全面、真实、生动、立体的上海体育名人口述史料;二是结合文献、照片、影像和人物口述采访,制作以上海体育发展为主题的口述历史纪录片,做到"过去有历史,现在有故事,未来有前景"。

(一)关于采访实践中的采访者、亲历者和见证者

口述史是一个专业性很强的系统工程,口述主题、口述提纲的拟

---

[1] 熊月之:《增量历史信息对城市隐性文化的展现——以"南京东路街区口述史"项目为例》,《上海地方志》2020年第2期。
[2] [英]保尔·汤普逊著,覃方明、渠东、张旅平译:《过去的声音:口述史》,辽宁大学出版社2000年版,第316页。

定、口述对象的选择、访谈成果的整理都会影响口述成果的质量。上海体育名人口述实践，倡导的是一种访谈的科学模式，尽可能实现口述历史的真实性和客观性，因此对采访者提出了较高要求：一是要求采访者组建专业的研究团队，掌握上海体育的基本历史发展脉络，了解历史上发生的重大历史事件；二是了解每个受访者的人物背景，比如篮球、乒乓球、游泳等热门体育运动，也有航模、体育摄影等比较冷门的体育类型并提出针对性、个性化的采访提纲；三是有专业的采访能力和文字的整理能力，形成一篇兼具学术性、可读性的精彩口述采访文稿；四是要有吃苦耐劳的田野考察精神，夏不畏酷暑，冬不惧严寒，采访时间的协调尽量以受访者为主。

（二）上海体育名人口述实践的特点与问题

此次采访对象具有"三亲"特点。"三亲"史料是指历史当事人、见证人和知情人"亲历、亲见、亲闻"的第一手资料。亲历最可靠，亲见其次，亲闻再次，依次递减。上海体育历史极其庞杂，这一主题的受访者是一个较为复杂的群体，覆盖面较广，有上海体育运动的管理者，体育运动的记录者，也有体育运动员和教练员等，还有体育名人的后代等，人员类型丰富，时间跨度大，著名的篮球运动员吴成章曾参加过1948年伦敦奥运会，是我国篮球界的"活化石"；张其正、沈惠章、洪南丽是上海著名的体育摄影师，许多经典的体育瞬间都由他们拍摄；著名竞走运动员周余愚和著名女子短跑运动员钱行素的精彩故事则由他们的后人分别讲述。

在事先准备好问题提纲的基础上，采访在具体过程中则采取"个人生平讲述，重点问题引导"的方式。个人生平讲述"就是建立个人生活及人生经历的综合记忆信息库"[①]，从生平入手，让受访人的回忆

[①] 陈墨：《口述历史门径实务手册》，人民出版社2013年版，第29页。

机制启动，可以最大程度地挖潜受访人的记忆。重点问题引导是指在口述人思维跳跃出原有采访主题时，能将口述人及时拉回原有采访路径，保证采访的目的性。

此外，在上海体育口述史开展时，必须注意三个问题：

1. 记忆的主观性：如何理解作为口述历史来源的记忆的主观性与真实性问题？记忆作为一种主观内容，采访者要对受访者讲述的内容进行甄别，与档案资料进行核对。

2. 叙事角度：受访者的记忆呈现依赖于采访者和受访者之间的互动对话与口头叙述，因而政治环境、访谈场合、社会性别、教育程度等社会文化因素会影响叙事形式与叙事策略，也会影响口述历史内容的呈现与诠释。因此，采访者要尽可能地拉近与受访者的关系，尽可能站在受访者的立场，并采用朴实、平和的态度进行采访。

3. 主体与客体关系：作为共享口述历史著作权的采访者与受访者，其各自的主体性意识及相互关系会影响口述历史的访谈过程与解释结果。因此，口述历史的主角是受访者，他们是历史的亲历者、见证者，采访的目的就是让其讲述更多真实的内容，提供更多保存在私人手中的硬通货资料，采访者要正确处理与受访者的主客体关系，让受访者以历史故事主人翁的姿态完成口述采访。

四、让"上海体育名人"集体记忆成为真实的记忆资料

哈布瓦赫认为"社会思想本质上必然是一种记忆，它的全部内容仅由集体回忆或记忆构成"。[1] 对于上海体育名人这一群体的体育记忆，我们需要把其置于时代背景的大框架当中运作，这样才能重构回忆。开展上海体育名人口述研究的一个重要目的，就是让口述历史成为后世研究上海体育发展史的重要资料来源。

---

[1] [法]莫里斯·哈布瓦赫著，毕然、郭金华译：《论集体记忆》，上海人民出版社2002年版，第313页。

口述采访的大部分受访者由于自身的健康问题，或心理状况影响，会产生遗忘、记忆模糊现象，特别是当受访者为老年人时，他们对自己早年经历的叙述，常常会出现由于时间久远而记忆不清的情况，个体经历的时间线会发生混乱，甚至出现前后矛盾。这就要求采访者做好充分的资料准备，对受访者的人生经历进行梳理把握，并对已有的文献资料进行比照、核实，辨别真伪。与此同时，在口述访谈中，更具隐蔽性的是对事实的重构，特别是对记忆的选择性呈现。当涉及一些敏感的历史记忆，受访者在叙述中会有意识或无意识地修饰、遮蔽，有一些是受访者出于社会避忌或塑造自身形象需要，而更多则是无意识行为，存在着记忆的遮蔽现象。面对受访者可能遮蔽过去历史和认知的状况，采访者在整个采访过程中，都要对口述内容保持一种历史理性的态度，有充足的历史知识储备和判断，只有深入了解受访者的个体经历，才能穿透受访者的主观意识捕捉到历史真实。

　　综合来看，"实践社会科学"加强了社会文化研究，是获取人文成果的重要路径，上海体育名人口述实践将以全新的视野、完善的路径、多维的传播，成为探索体育记忆挖掘、进行体育精神传播、讲好体育故事的重要实践案例之一。

后记

体育与城市交融，让城市更加精彩。挖掘体育记忆，讲好城市故事，对上海建设全球著名体育城市具有重要推动作用。《时间的赛场——上海体育口述历史（第一辑）》是由上海市体育宣传教育中心和上海音像资料馆联合编纂的系列丛书中的第一本，以体育名人口述历史为方法路径，以"短视频"+"图书"为传播形式，让体育故事"可看、可读、可听"。

口述历史项目启动于2021年底，以上海体育名人为采访对象，将个人与城市史、体育史结合起来，探讨三者间密不可分的联系。

项目分为视频制作与口述稿整理，由上海市体育宣传教育中心负责确定采访人员名单，并进行联络工作。上海音像资料馆组织专家团队和视频制作团队，负责采访、视频制作和口述稿整理。从前期联络到口述采访，再到视频制作、书稿出版，项目组成员分工明确，通力合作，确保了项目各阶段的顺利完成。

项目推进过程得到上海市体育局相关部门和上海市老年人体育协会及专家学者的鼎力支持。中国史学会原副会长熊月之研究员欣然应允为本书写序。上海社会科学院历史研究所马学强研究员、叶舟副研究员，上海社会科学院图书馆高明副研究馆员为本书提供了指导和帮助。本书部分图片由口述者提供。

口述采访是一项探索性很强的工作，所采集的历史记忆注定了其独一无二的价值和意义。由于时间仓促和编者水平有限，《时间的赛场——上海体育口述历史（第一辑）》书中难免会有诸多不足、待完善之处，敬祈社会各界人士、广大读者批评指正。

编者

2024 年 6 月

图书在版编目(CIP)数据

时间的赛场：上海体育口述历史 / 上海市体育宣传教育中心，上海音像资料馆编 .— 上海：上海社会科学院出版社，2024

ISBN 978 - 7 - 5520 - 4377 - 8

Ⅰ．①时… Ⅱ．①上… ②上… Ⅲ．①体育运动史—上海 Ⅳ．①G812.751

中国国家版本馆 CIP 数据核字(2024)第 086196 号

时间的赛场：上海体育口述历史

上海市体育宣传教育中心　上海音像资料馆　编
责任编辑：蓝天　张晶
封面设计：周清华
出版发行：上海社会科学院出版社
　　　　　上海顺昌路 622 号　邮编 200025
　　　　　电话总机 021 - 63315947　销售热线 021 - 53063735
　　　　　https://cbs.sass.org.cn　E-mail：sassp@sassp.cn
照　　排：南京理工出版信息技术有限公司
印　　刷：上海丽佳制版印刷有限公司
开　　本：720 毫米×1000 毫米　1/16
印　　张：13.5
字　　数：171 千
版　　次：2024 年 11 月第 1 版　2024 年 11 月第 1 次印刷

ISBN 978 - 7 - 5520 - 4377 - 8/G · 1313　　　　　定价 128.00 元
电子出版物 ISBN 978 - 7 - 89981 - 018 - 7

版权所有　翻印必究